教團品

소태산
대종경
마음공부

13
·
교단품

글·균산 최정풍 교무

머리말

『대종경大宗經』은 원불교 교조인 소태산少太山 박중빈朴重彬 대종사大宗師의 언행록입니다. 원기47(서기1962년)에 완정하여 『정전正典』과 합본, 『원불교교전』으로 편찬 발행되었습니다. 『정전』이 소태산 대종사가 직접 저술한 원불교 제1의 경전이라면 『대종경』은 그의 사상 전반을 이해할 수 있는 제2의 대표 경전입니다. 소태산 대종사의 열반 원기28년, 서기1943년 후 『대종경』 편찬에 신속히 착수한 제자들의 노력 덕분에 소태산 대종사의 생생한 말씀과 행적이 온전하게 세상에 전해지게 되었습니다.

소태산의 수제자 정산鼎山 종사는 "정전은 교리의 원강을 밝혀 주신 '원元'의 경전이요, 대종경은 두루 통달케 하여 주신 '통通'의 경전이라"고 설한 바 있습니다. 원리적인 가르침을 압축해놓은 『정전』의 이해를 도와주는 필독 경전이라고 할 수 있습니다.

『대종경』은 별다른 해석이나 주석 없이 그냥 쉽게 읽을 수 있는 경전입니다. 하지만 요즘 사람들에게는 낯선 한자 용어에 대한 설명이나 내용 이해를 돕는 부연 설명이 경전 읽기에 도움이 될 수도 있겠다는 생각으로 이 책을 집필하게 되었습니다.

또한 이 책은 『대종경』을 처음 공부하는 이들이 좀 더 쉽게 내용을 파악하도록 돕기 위해서 기획되었습니다. 그런 이유로 첫째, 『대종경』 원문의 문장을 새롭게 편집했습니다. 기본적인 편집 방식에서 벗어나 문단을 왼쪽 정렬로 하고 필자 임의로 문단 나누기, 문장 나누기, 띄어쓰기했습니다. 둘째, 어려운 용어들은 사전적 풀이를 요

약해서 원문 아래에 각주를 달았습니다. 셋째, 원문에 대한 필자의 부연 설명을 시도했습니다. 이 내용들은 매우 주관적인 해석이라는 한계를 갖고 있습니다. 다른 참고 교재들을 충분히 참고할 것을 권장합니다. 넷째, 경전 내용의 실생활 활용에 방점을 둔 질문들을 해보았습니다. 경전의 내용 파악을 돕기 위한 질문들도 있지만 자신의 삶을 성찰해야만 응답할 수 있는 질문들도 포함되었습니다. 이에 대한 대답은 독자마다 다를 것이고 독자들의 공부 정도에 따라서도 달라질 것입니다. 특정한 정답보다는 최선의 답이 필요합니다. 이런 질문에 응답하는 과정에서 공부가 깊어지기를 바랐습니다. 경전 공부가 더 많은 자문자답으로 이어지기를 기대합니다.

　이 책은 주로 교화자로서 살아온 필자가 교화자의 관점에서 쓴 교화교재입니다. 여기 담긴 필자의 견해는 교단의 공식적 견해와는 무관합니다. 현명한 독자들께서 이런 점들을 감안하여 공부의 한 방편으로 활용해주시길 바랍니다. 부족하거나 틀린 내용에 대해서는 여러분들의 가르침을 기다리겠습니다. 아무쪼록 이 작은 책이 주세불 소태산 대종사의 심통제자心通弟子가 되는 데 겨자씨만한 도움이라도 되기를 기원합니다. 출판을 도와주신 모든 분들의 은혜에 깊이 감사합니다.

소태산 마음학교 원남교실 경원재에서
원기109년(서기2024) 3월 15일 균산 최정풍 교무 합장

『대종경』 공부를 하기 전에 「원불교 교사敎史」 일독을 권합니다. 『대종경』은 언행록言行錄이지만 관련 상황에 대한 자세한 설명은 생략된 경우가 많습니다. 교사를 읽으면 법문의 전후 상황을 파악하는 데 큰 도움을 받을 수 있습니다.

다음은 『대종경大宗經』 공부에 도움이 될 만한 대표적인 해설서 및 참고 도서입니다.
『원불교대종경해의』(한정석, 동아시아, 2001),
『대종경풀이』(류성태, 원불교출판사, 2005),
『주석 대종경선외록』(편저 이공전, 주석: 서문성, 원불교출판사, 2017),
『초고로 읽는 대종경』(고시용, 원불교출판사, 2022),
『원불교교고총간』(원불교출판사,1994),
『대종경 강좌上·下』(조정중, 배문사, 2017) 등이 있습니다.

법문과 원불교 용어 설명 대부분은
'원불교' 홈페이지 http://won.or.kr/'경전법문집', '원불교대사전' 내용을 인용했습니다. 그 밖에는 '네이버 사전' http://naver.com 에서 인용했습니다.
필자가 쓴 부분은 '필자 주'로 표기했습니다.

'나의 마음공부'란에는 몇 가지 질문을 실었지만 답을 싣지는 않았습니다. '자문자답'이 더 중요하다고 생각했습니다. 답을 찾는 과정이 '교당내왕시 주의사항'을 실천하는 계기가 되기를 기대합니다. 먼저 자력으로 답을 해보고, '교화단'에서 회화도 하고, 교화단장이나 교무 등 지도인과 문답問答·감정鑑定·해오解悟를 하기 좋은 소재가 되기를 기대합니다.

본문의 문체는 최대한 구어체를 사용했습니다. 독자와의 거리감을 줄이려는 노력이지만 전통적인 문법에는 맞지 않을 수 있습니다. 양해를 구합니다.

이 책을 '경전' 훈련을 위한 교재, '자습서' 삼아서 밑줄도 치고 필기도 하면서 편리하게 활용해주시면 감사하겠습니다.

▶ YouTube '소태산 마음학교'에서 대종경 관련 동영상 시청이 가능합니다.

- 이 책은 故 정명인 교도님 가족의 후원으로 출판되었습니다.
  은혜에 감사합니다.

목차

교단품 1장 :	일단의 힘	10
교단품 2장 :	선진과 후진 사이에	14
교단품 3장 :	영원히 좋은 인연	22
교단품 4장 :	사람마다 특성이 있음을 잘 이해하여야	30
교단품 5장 :	반드시 소리가 나나니	36
교단품 6장 :	가장 넓고 가장 오랜 큰 사업	40
교단품 7장 :	남을 위하는 전무출신	46
교단품 8장 :	세상에 필요한 기구	52
교단품 9장 :	금사망보를 받을 죄인	58
교단품 10장:	고혈마가 되지 말아야	64
교단품 11장:	짐 하나 지기를 부끄러이 여겨	68
교단품 12장:	많은 굼벵이를 잡게 된지라	74
교단품 13장:	사심 없이 공사에만 전력하라	80
교단품 14장:	정당하지 못하게 사사로이 소유하면	86
교단품 15장:	기관을 적게 벌여서라도	90
교단품 16장:	정남 정녀	96
교단품 17장:	참으로 정신차려 공부하라	102
교단품 18장:	전무출신 서원서를 낼 때	106
교단품 19장:	기러기 떼	110
교단품 20장:	마음 비루	114

교단품 21장: 자주 챙겨주지 못하고	122
교단품 22장: 옹기장수	126
교단품 23장: 소경이 문고리를 옳게 잡았건마는	132
교단품 24장: 내가 가게 하나를 벌이고	136
교단품 25장: 상불경의 정신	142
교단품 26장: 세간의 칭찬과 비방	146
교단품 27장: 모함과 박해를 당한다 할지라도	152
교단품 28장: 사업을 하는 데에 실패되는 원인	158
교단품 29장: 깨치고 또 깨치며 고치고 또 고쳐서	164
교단품 30장: 이소성대는 천리의 원칙	172
교단품 31장: 하늘에서 먼저 시험해 보는 이치	178
교단품 32장: 혈심 가진 참 사람	182
교단품 33장: 이 회상의 창조자와 파괴자	186
교단품 34장: 창립 공로	190
교단품 35장: 무념 보시	196
교단품 36장: 이 회상은 세계의 공물	200
교단품 37장: 우리의 흥망	206
교단품 38장: 종법사의 대리라는 것을 명심	210
교단품 39장: 수입과 지출을 대조	218
교단품 40장: 말을 하고 글을 쓸 때	224

교단품 41장: 보살의 지도 법 230

교단품 42장: 동지들 236

대종사 말씀하시기를
[스승과 제자의 정의情誼가 부자父子같이 무간하여야
가르치고 배우는 데에 막힘이 없고,
동지 사이의 정의가 형제같이 친밀하여야
충고와 권장을 주저하지 아니하나니,
그러한 뒤에야 윤기倫氣가 바로 통하고 심법心法이 서로 건네어서
공부와 사업하는 데에 일단의 힘을 이루게 되나니라.]

『대종경』「교단품」1장

- **정의情誼** : 서로 사귀어 친하여진 정.
- **일단一團** : 한 덩어리. 한 집단이나 무리.
- **윤기倫氣** : 사람과 사람 사이에 서로 지켜야 할 도리를 지키고 행하여 통하게 되는 기운. 윤기가 통해야 심신상련하여 심법心法이 건너게 된다.

일단의 힘 | 풀이 |

대종사 말씀하시기를
[스승과 제자의 정의情誼가 부자父子같이 무간하여야
가르치고 배우는 데에 막힘이 없고,
동지 사이의 정의가 형제같이 친밀하여야
충고와 권장을 주저하지 아니하나니,

소태산 대종사님이 꿈꾼 교단은 공부와 사업, 신앙과 수행을 함께하며
'광대무량한 낙원' 건설을 위해 일심합력하는 사람들의 결사체요 공동체입니다.
회사 같은 조직은 이익을 중심으로 사람들이 합력하고,
군대 같은 조직은 국방을 위해 상명하복으로 일사분란하게 합력합니다.
취미동아리는 취미를 함께하는 사람들이 서로의 친분을 쌓는 데 만족합니다.
종교 단체, 즉 교단은 이런 조직들과는 다릅니다.
다른 조직이나 단체보다 더 깊은 정신적 교감과 소통이 필요합니다.
마음에 간격이 있다면 마음공부가 불가능하고 지혜의 전수도 불가능합니다.
상호간 믿음이 전제되어야 신앙과 수행의 진전이 가능합니다.
'부자'와 '형제'를 예로 들었지만 종교 단체의 사제간, 동지간의 정의는
혈연보다 더 두터워야 하는 면이 있습니다.
정신의 진급과 인격의 성장, 고유한 사명의 성취를 목석하기 때문입니다.

대종사님은 스승과 제자 사이가 부자간처럼 '무간無間'하기를 바라십니다.
'가르치고 배우는 데에 막힘이 없'기를 원하시기 때문입니다.
'간間'이란 '사이'이고 이는 곧 '경계'이며 '분별'이기 때문입니다.
동지 사이는 '형제' 같기를 바랍니다.
'충고와 권장을 주저하지 아니'하기를 원하시기 때문입니다.

교단품

그러한 뒤에야 윤기(倫氣)가 바로 통하고 심법(心法)이 서로 건네어서
공부와 사업하는 데에 일단의 힘을 이루게 되나니라.]

'일단(一團)'이란 '한 덩어리', '한 집단이나 무리'를 일컫습니다.
교단이 '일단'이 되려면 '윤기가 바로 통하고', '심법이 서로 건네'야 합니다.
사람들이 그저 모여있다고 해서 '일단'이 되는 것이 아니고
더구나 교단이 되는 것이 아닙니다.
정산 종사님은 '단'(교화단)이란 '뭉쳐서 하나된다는 말' - 「경륜편」24장 이라고
하신 바 있습니다.
'윤기(倫氣)'와 '심법(心法)'으로 뭉쳐서 '하나'가 되어야
비로소 교단을 이뤄 목적하는 바를 이룰 수 있을 것입니다.
교단 구성원들간의 사이가 어떠해야 하는지를 일러주시는 법문입니다.

원불교 교단의 '윤기(倫氣)'는 교단 구성원들이 모두 사은의 윤리를 실행하여
지은보은의 감사생활을 하는 데서 우러나오고,
우리 교단의 '심법(心法)'은 교단 구성원들이 모두 삼학의 마음공부에 정성을 다해서
마음을 잘 쓰는 용심법을 익히는 데서 우러나올 것입니다.
결국, 신앙과 수행의 힘이 '일단의 힘'을 이루는 원천입니다.

나의 마음공부

- 나는 '정의(情誼)가 부자(父子)같이 무간'한 사제 관계를 하고 있나요?

- 나는 스승 또는 제자로서 '가르치고 배우는 데에 막힘'이 있나요? 있다면 그 원인은 무엇일까요?

- 나는 동지들과 '충고와 권장을 주저하지 아니'하는 관계인가요?
  주저한다면 그 원인은 무엇일까요?

- 나의 '윤기(倫氣)'는 어떤지 스스로 돌아봅니다.

- 나의 '심법(心法)'은 어떤지 스스로 돌아봅니다.

2

창립創立 십이년 기념식에 대종사 대중에게 말씀하시기를
[그대들이 우리 회상 창립 십이 년 동안의 사업 보고와 성적 발표를 들었으니
그에 대하여 느낀 바를 각기 말하여 보라.] 하시니,
여러 제자가 이어 나와 각자의 감상을 발표하는지라,
대종사 일일이 들으신 후 말씀하시기를
[그대들의 감상담이 대개 적절하기는 하나
아직도 한 가지 요지가 드러나지 아니하였으므로 내 그를 말하여 주리라.
지금, 이 법당 가운데에는
나와 일찌기 상종되어 여러 해 되는 사람도 있고
또는 늦게 상종되어 몇 해 안 되는 사람도 있어서
자연 선진先進과 후진後進의 별이 있게 되는 바,
오늘 이 기념을 맞이하여 선진과 후진 사이에
서로 새로운 감사를 느끼고 새로운 깨침을 가지라는 말이니,

후진들로 말하면
이 회상을 창립하느라고 아직 그다지 큰 애를 쓰지 아니하였건마는,
입교하던 그날부터 미리 건설하여 놓은 기관과 제정하여 놓은 법으로
편안히 공부하게 되었으니,
이것은 선진들의 단심 혈성으로 분투 노력하여 놓은 덕이라,
만일 선진들이 없었다면 후진들이 그 무엇을 배우며 어디에 의지하겠는가.
그러므로, 후진들로서는 선진들에게 늘 감사하고 공경하는 마음이 나서
모든 선진들을 다 업어서라도 받들어 주어야 할 것이요,

또는 선진들로 말하면

시창 당초부터 갖은 정성을 다하여

모든 법을 세우고 여러 가지 기관을 벌여 놓았다 할지라도,

후진들이 이와같이 이어 나와서

이 시설을 이용하고 이 교법을 숭상하며 이 기관을 운영하지 아니하였다면,

여러 해 겪어 나온 고생의 가치가 어디서 드러나며,

이 기관 이 교법이 어찌 영원한 세상에 유전하여

세세 생생에 끊임없는 공덕이 드러나게 되겠는가.

그러므로, 선진들로서는 후진들에게 또한 늘 감사하고 반가운 생각이 나서

모든 후진들을 다 업어서라도 영접하여야 할 것이니,

선진 후진이 다 이와 같은 생각을 영원히 가진다면

우리의 교운도 한없이 융창하려니와

그대들의 공덕도 또한 한없이 유전될 것을 의심하지 아니하노라.]

『대종경』「교단품」2장

- **선진 先進** : 어느 한 분야에서, 연령·지위·기량 등이 앞섬. 또는 그런 사람. 발전의 단계나 진보의 정도가 다른 것보다 앞섬.
- **유전 遺傳** : 물려받아 내려옴. 조상의 성격·체질·형상 따위의 형질이 자손에게 전해짐. 또는 그런 현상.
- **성적 成績** : 원불교의 성적은 공부성적, 사업성적, 이 둘을 합한 원성적으로 나뉜다.
- **공부성적 工夫成績** : 정신의 수양, 의지의 단련, 학문과 기술 등을 배우고 익혀(學習) 이루어낸 인격, 지식, 기능의 업적. 원불교에서는 마음공부를 통하여 이루어낸 업적을 성적으로 평가한다. 곧 마음공부의 정도를 평가하는 것. 학교에서의 공부성적표는 점수로 평가하지만 원불교인의 공부성적은 법위등급으로 평가한다.
- **사업성적 事業成績** : 원불교 교도가 교단과 세계에 정신·육신·물질로 공헌한 실적의 정도를 정특등부터 준5등까지 12등급으로 평가한 것. 사업성적은 시의施義성적·시상施賞성적·근무성적·특별시상성적·권장성적 등을 종합하여 평가한다. 시의는 현금과 물품을 의연義捐한 것, 시상은 정신과 육신으로 봉사한 공로, 근무는 출가임원과 재가임원이 맡은 직무를 수행한 것, 특별시상은 교단 일이나 자기가 맡은 일에 특별한 공로가 있는 것, 권장은 전무출신을 권장한 것이다. 원불교에서는 사업등급을 평가한 사업성적과 법위등급을 평가한 공부성적을 합하여 원성적元成績이라 한다.
- **원성적 元成績** : 원불교 교도의 공부성적과 사업성적을 합한 종합성적. 공부성적으로 여섯 등급과 중간에 예비등급이 있고, 사업성적으로 여섯 등급과 중간에 준등급準等級이 있다. 원불교 교도가 공부성적과 사업성적을 합산하여 도달한 성적을 원성적이라고 한다.
- **시창 始創** : 원불교 초창기인 불법연구회 시대에 사용한 기념紀年.

선진과 후진 사이에 | 풀이 |

창립創立 십이 년 기념식에 대종사 대중에게 말씀하시기를
[그대들이 우리 회상 창립 십이 년 동안의 사업 보고와 성적 발표를 들었으니
그에 대하여 느낀 바를 각기 말하여 보라.] 하시니,
여러 제자가 이어 나와 각자의 감상을 발표하는지라,

'창립 십이 년'에 기념식을 거행한 이유를 알려면 먼저
소태산 대종사님이 구상한 교단 역사 기본 단위인 '대代'와 '회回'를 알아야 합니다.
『원불교교사』의 관련 내용을 인용합니다.

'원기 3년(1918·戊午) 10월에, 대종사, 새 회상의 창립 한도를 발표하시니, 앞으로 회상의 대수代數는 기원 연수紀元年數로 구분하되, 매대每代를 36년으로 하고, 창립 제일대第一代 36년은 이를 다시 3회回로 나누어, 제 1회 12년은 교단 창립의 정신적 경제적 기초를 세우고 창립의 인연을 만나는 기간으로, 제 2회 12년은 교법을 제정하고 교재를 편성하는 기간으로, 제 3회 12년은 법을 펼 인재를 양성 훈련하여 포교에 주력하는 기간으로 하며, 시창 기원은 대종사의 대각하신 해(1916·丙辰)로 기준 실시할 것도 아울러 발표하시었다.'
요컨대, 36년을 한 '대代'로 삼고, 한 '대'는 12년 단위의 '회回'로 나눈 것입니다.

따라서 법문의 창립 12년 기념식이란 창립 1대 1회의 1회말 기념식을 의미합니다.
12년 동안의 교단 성과에 대해 결산 평가하는 자리였던 것입니다.
이 결산 평가 작업은 공부 부문과 사업 부문으로 나뉘어 진행됩니다.
교단 전체의 수행과 신앙에 대한 평가라고 할 수 있습니다.
개인별로는 공부성적과 사업성적을 결산하고,
기관이나 교단 전체적인 사업 실적도 결산합니다.

『원불교 교사』중 '제1대 제1회 기념 총회'의 내용을 인용합니다.

"원기 13년^(1928·戊辰) 3월 26일은 제 1대 제 1회 기념일에 정기 총회를 겸한 날이었다. 총회 준비를 위하여 연초부터 송규 등 5인(별록12)이 창립 12년 간의 사업 보고서와 각 교도의 공부 사업 성적을 사정 편성하였고, 당일 총회는 송만경의 개회사로 시작하여, 12년간의 사업 보고·역사 보고를 마친 후, 2대 회장에 조송광^{曺頌廣}을 선정하고, 각급 임원을 선임하였으며, 산업부 창립단과 육영부 창립단의 상황 보고 후 폐회 하였다.

27일 오전에는 사업 각등 유공인과 10년 이상 전무출신자 등 각항 유공인들의 기념 촬영을 하고, 오후에는 대종사 주재 아래 제 1회 사업 성적표 수여식을 거행하였다. 대종사께서는 [선진 후진이 서로 공덕을 알아 업서서라도 받들고 영접하여, 교운이 한 없이 융창하고 그대들의 공덕도 한 없이 유전되게 하라]는 간곡한 부촉을 하시었다. 제 1회 1등 유공인은 이청춘·이동진화·서중안·전삼삼·김광선 등 5인, 2등 유공인은 김기천·이공주 등 2인, 3등 유공인은 이재철·송벽조·유정천·송규 등 4인, 4등 유공인은 박사시화 등 11인(별록13), 5등 유공인은 박세철 등 13인(별록14)으로 5등 이상 입등인이 도합 35인이요, 6등에서 12등 유공인이 278인이었다.

28일에는, 또한 대종사 주재 아래 예비 특신부 이상 승급자 68인에 대한 새 회상의 첫 승급 예식을 거행하니, 정식 법강항마부에 사후 승급으로 박세철·서동풍, 정식 특신부에 송벽조 등 6인(별록15), 예비 특신부에 이춘풍 등 60인(별록16)이었다.

제1회 기념 총회 당년의 교세 개요를 보면, 교도 상황은, 영광·익산·서울·김제·부안·진안 등 각지를 통하여 남자 176명, 여자 262명으로 총 438명이었고, 전무출신은 20여명으로 영광·익산·서울 등지를 통하여 임원 혹은 산업부원으로 노력 중이었으며, 재산 상황은 익산 총부·영광 지부·신흥 출장소·부안 수양소·경성 출장소 등의 토지·건물·집기 등(3만3천1백9십원여)과, 상소소합에 출자금(5백여원)·저축금(2천여원) 등이 있었다."

개요에 불과한 내용이지만 3일간에 걸쳐 진행된 기념 행사들의 내용을 살펴보면 그 당시 교단이 얼마나 체계적으로 운영되었는지를 안 수 있습니다.

대종사 일일이 돌으신 후 말씀하시기를
[그대들의 감상담이 대개 적절하기는 하나

아직도 한 가지 요지가 드러나지 아니하였으므로 내 그를 말하여 주리라.

대종사님께서 공식적인 보고와 평가를 들으신 다음에 법문을 해주십니다.

지금, 이 법당 가운데에는
나와 일찍이 상종되어 여러 해 되는 사람도 있고
또는 늦게 상종되어 몇 해 안 되는 사람도 있어서
자연 선진先進과 후진後進의 별이 있게 되는 바,
오늘 이 기념을 맞이하여 선진과 후진 사이에
서로 새로운 감사를 느끼고 새로운 깨침을 가지라는 말이니,

대종사님께서 하시고 싶은 말씀은 '선진과 후진 사이'에 관한 내용입니다.
공식적인 보고와 평가에는 담기기 어려운 내용입니다.
'선진과 후진 사이'에 '서로 새로운 감사를 느끼'기를 바라고
'선진과 후진 사이'에 '새로운 깨침'을 얻기를 바라는 마음으로 법문을 하십니다.
'감사'는 '신앙', '깨침'은 '수행'에 상응합니다.

후진들로 말하면
이 회상을 창립하느라고 아직 그다지 큰 애를 쓰지 아니하였건마는,
입교하던 그날부터 미리 건설하여 놓은 기관과 제정하여 놓은 법으로
편안히 공부하게 되었으니,
이것은 선진들의 단심 혈성으로 분투 노력하여 놓은 덕이라,
만일 선진들이 없었다면 후진들이 그 무엇을 배우며 어디에 의지하겠는가.
그러므로, 후진들로서는 선진들에게 늘 감사하고 공경하는 마음이 나서
모든 선진들을 다 업어서라도 받들어 주어야 할 것이요,

후진들에게 당부하시는 말씀입니다.
선진들의 은혜에 대해 '늘 감사하고 공경'하라는 요지의 말씀입니다.

대종사님은 은혜를 '없어서는 살지 못할 관계'로 말씀하셨습니다.
선진과 후진도 마찬가지여서 선진이 없었다면 후진은 있을 수 없는 것이죠.
이같은 선진의 은혜를 후진들이 깊이 느끼기를 대종사님께서 간절히 바라십니다.
'업어서라도 받들어 주'라고까지 말씀하십니다.

또는 선진들로 말하면
시창 당초부터 갖은 정성을 다하여
모든 법을 세우고 여러 가지 기관을 벌여 놓았다 할지라도,
후진들이 이와같이 이어 나와서
이 시설을 이용하고 이 교법을 숭상하며 이 기관을 운영하지 아니하였다면,
여러 해 겪어 나온 고생의 가치가 어디서 드러나며,
이 기관 이 교법이 어찌 영원한 세상에 유전하여
세세 생생에 끊임없는 공덕이 드러나게 되겠는가.
그러므로, 선진들로서는 후진들에게 또한 늘 감사하고 반가운 생각이 나서
모든 후진들을 다 업어서라도 영접하여야 할 것이니,

한편 선진들에게도 당부하십니다.
후진들이 이 공부 이 사업을 이어주지 않았다면
선진들이 '여러 해 겪어 나온 고생의 가치가 어디서 드러나'겠느냐고.
선진들은 후진들을 볼 때마다 '늘 감사하고 반가운 생각이 나서'
'업어서라도 영접'하라고 당부하십니다.

선진 후진이 다 이와 같은 생각을 영원히 가진다면
우리의 교운도 한없이 융창하려니와
그대들의 공덕도 또한 한없이 유전될 것을 의심하지 아니하노라.]

그야말로 선진과 후진들이 서로를 '없어서는 살지 못할 관계' -「천지은」임을
느끼고 깨달아야 교운이 융창하고 공덕이 한없을 것임을 설하십니다.

선진과 후진 모두 서로의 은혜를 발견해서 감사함이 중요합니다.
교단을 비롯한 단체의 구성원들이 참고하고 유념해야 할 법문입니다.

나의 마음공부

• 나는 선진들의 은혜에 대해 얼마만큼 감사함을 느끼고 있나요?

• 나는 후진들의 은혜에 대해 얼마만큼 감사함을 느끼고 있나요?

• 나는 선진들을 얼마나 공경하나요? '업어서라도 받들어' 드릴 수 있나요?

• 나는 후진들을 어떻게 대하고 있나요? '업어서라도 영접' 할 수 있나요?

3

대종사 서울에 행가하시니, 여러 제자들이 와 뵈옵고 서로 말하되
[우리 동문同門 형제는 인연이 지중하여 같은 지방 같은 시대에 태어나
한 부처님 문하에서 공부하게 되었으니 어찌 반갑지 아니하리요.
이는 실로 길이 갈리지 아니할 좋은 인연이라.]하거늘,
대종사 들으시고 말씀하시기를
[내가 그대들의 말을 들으니 한 편은 반갑고 한 편은 염려되노라.
반가운 것은 오늘날 그대들이 나의 앞에서 서로 화하고 즐겨함이요,
염려되는 것은 오늘날은 이와 같은 좋은 인연으로 서로 즐기나
이 좋은 가운데서 혹 낮은 인연이 되어질까 함이니라.]

한 제자 여쭙기를
[이같이 좋은 가운데서 어찌 낮은 인연이 될 수 있사오리까.]
대종사 말씀하시기를
[낮은 인연일수록 가까운 데서 생겨나나니
가령 부자 형제 사이나 부부 사이나 친우 사이 같은 가까운 사이에는
그 가까움으로써 혹 예禮를 차리지 아니하며 조심하는 생각을 두지 아니하여,
서로 생각해 준다는 것이 서로 원망을 주게 되고,
서로 가르쳐 준다는 것이 도리어 오해를 가지게 되어,
필경에는 아무 관계 없는 외부 사람만도 못하게 되는 수가 허다하나니라.]
한 제자 여쭙기를
[그러하오면 어떻게 하여야 가까운 사이에 낮은 일이 생기지 아니하고
영원히 좋은 인연으로 지내겠나이까.]

대종사 말씀하시기를

[남의 원 없는 일을 과도히 권하지 말며,

내가 스스로 높은 체하여 남을 이기려고만 하지 말며,

남의 시비를 알아서 나의 시비는 깨칠지언정 그 허물을 말하지 말며,

스승의 사랑을 자기만 받으려 하지 말며,

친해 갈수록 더욱 공경하여 모든 일에 예를 잃지 아니하면,

낮은 인연이 생기지 아니하고 길이 이 즐거움이 변하지 아니하리라.]

『대종경』「교단품」3장

- **행가行駕** : 임금이 수레를 타고 가던 일. ('웃어른이 차리고 나서서 길을 감'을 의미하는 행차行次의 높임말로 쓰임.—필자 주)

영원히 좋은 인연 | 풀이 |

대종사 서울에 행가하시니, 여러 제자들이 와 뵈옵고 서로 말하되
[우리 동문同門 형제는 인연이 지중하여 같은 지방 같은 시대에 태어나
한 부처님 문하에서 공부하게 되었으니 어찌 반갑지 아니하리요.
이는 실로 길이 갈리지 아니할 좋은 인연이라.]하거늘,

누가 들어도 별문제가 없는 제자의 말입니다.
같은 교문에 들어와 공부하는 행복에 겨운 말입니다.
그런데 여기에 소태산 대종사님께서 염려의 말씀을 더하십니다.

대종사 들으시고 말씀하시기를
[내가 그대들의 말을 들으니 한 편은 반갑고 한 편은 염려되노라.
반가운 것은 오늘날 그대들이 나의 앞에서 서로 화하고 즐겨함이요,
염려되는 것은 오늘날은 이와 같은 좋은 인연으로 서로 즐기나
이 좋은 가운데서 혹 낮은 인연이 되어질까 함이니라.]

제자의 말을 들으시며 반가워하시면서도 한 편으론 염려를 하십니다.
'천지의 길흉 없는 도를 체받아서 길한 일을 당할 때에 흉할 일을 발견하고,
흉한 일을 당할 때에 길할 일을 발견하여, 길흉에 끌리지 아니할 것이요'라는
「천지보은의 조목」 내용과 상통하는 대목입니다.
'좋은 인연'이 '낮은 인연'으로 변할까봐 걱정하시고
혹시 '해생어은害生於恩'이 되지 않도록 미리 경계하시는 말씀입니다.

한 제자 여쭙기를
[이같이 좋은 가운데서 어찌 낮은 인연이 될 수 있사오리까.]

대종사 말씀하시기를
[낮은 인연일수록 가까운 데서 생겨나나니
가령 부자 형제 사이나 부부 사이나 친우 사이 같은 가까운 사이에는
그 가까움으로써 혹 예(禮)를 차리지 아니하며 조심하는 생각을 두지 아니하여,
서로 생각해 준다는 것이 서로 원망을 주게 되고,
서로 가르쳐 준다는 것이 도리어 오해를 가지게 되어,
필경에는 아무 관계 없는 외부 사람만도 못하게 되는 수가 허다하나니라.]

'좋은 인연'이 '낮은 인연'으로 변화되는 이유를 제자에게 자상히 설명해주십니다.
낮은 인연일수록 가까운 데서 생겨난다는 것,
가깝다는 이유로 혹 '예를 차리지' 않는다는 것,
서로 '조심'하지 않기 때문이라는 것을 알려주십니다.
이런 태도로 인해서 '서로 생각해 준다는 것이 서로 원망을 주게 되고,
서로 가르쳐 준다는 것이 도리어 오해를 가지게' 된다고 설명해주십니다.

가까운 사이에서는 '서로 생각해 준다는' 배려가 강요로 되는 수가 있습니다.
예컨대, 상대가 싫어하는 음식을 몸에 좋으니까 먹으라고 강권하는 식이죠.
공감과 설득의 과정을 생략한 채 좋은 의도만 내세워 무언가를 권하게 되면
상대방은 이런 태도를 자신에 대한 무시와 강요로 느낄 수 있습니다.
이렇게 되면 애초의 호의는 어딘가로 상실되어버립니다.
'서로 가르쳐 준다는 것'도 마찬가지입니다.
무간한 가족간에 가르치고 배우는 게 어려운 이유와 같습니다.
지켜야 할 '예'를 차리지 않고, '조심'하지 않기가 쉽기 때문입니다.

한 제자 여쭙기를
[그러하오면 어떻게 하여야 가까운 사이에 낮은 일이 생기지 아니하고
영원히 좋은 인연으로 지내겠나이까.]

'좋은 인연'이 '낮은 인연'으로 변하는 것을 방지하고
'영원히 좋은 인연'으로 지내는 방법을 제자가 질문합니다.

대종사 말씀하시기를
[남의 원 없는 일을 과도히 권하지 말며,
내가 스스로 높은 체하여 남을 이기려고만 하지 말며,
남의 시비를 알아서 나의 시비는 깨칠지언정 그 허물을 말하지 말며,
스승의 사랑을 자기만 받으려 하지 말며,
친해 갈수록 더욱 공경하여 모든 일에 예를 잃지 아니하면,
낮은 인연이 생기지 아니하고 길이 이 즐거움이 변하지 아니하리라.]

'영원히 좋은 인연'이 되는 방법은
첫째, '남의 원 없는 일을 과도히 권하지' 않는 것입니다.
「솔성요론」15조의 '다른 사람의 원 없는 데에는 무슨 일이든지 권하지 말고
자기 할 일만 할 것이요'라는 말씀과 상통합니다.
특히 가까운 사이에서는 무언가를 '과도히' 권하기 쉬우니 더욱 유념할 내용입니다.
'처처불상處處佛像 사사불공事事佛供'의 가르침과도 상통합니다.
상대방의 근기와 습관, 특성 등을 미리 참고해서 권해야 할 것입니다.

둘째는 '스스로 높은 체하여 남을 이기려고만 하지' 않아야 합니다.
누군가에게 지면 마음이 좋지 않은 것이 인지상정人之常情입니다.
아무리 가까운 사이라도 그렇고, 오히려 더 그럴 수 있음을 유념해야 합니다.

셋째는 다른 사람의 '허물을 말하지' 않아야 합니다.
다른 사람을 흉보는 것이 되고 그 말이 돌고 돌아서 그 사람에게 들어갈 수 있습니다.
이렇게 되면 사이가 좋아질 수 없습니다.
나는 대수롭지 않게 한 말이라도 상대방에게는 평생 마음의 상처가 될 수 있습니다.
공부인이라면 남의 허물을 보아서 '나의 시비'를 깨치는 데만 유념해야 합니다.

「솔성요론」10조의 '다른 사람의 그릇된 일을 견문하여 자기의 그름은 깨칠지언정 그 그름을 드러내지 말 것이요'라는 내용과 상통합니다.

넷째는 '스승의 사랑을 자기만 받으려 하지' 않아야 합니다.
사람은 누구나 사랑받기를 원합니다.
더구나 도가에서는 존경하는 스승의 인정과 사랑을 누구나 바랍니다.
사랑을 독점하려고 하면 동지간의 정의가 상하기 쉽습니다.
이런 자신의 마음과 태도를 미리 알아차려서 심신작용을 존절히 해야 합니다.

다섯째는 친할수록 '더욱 공경'하고 '예'를 잃지 않아야 합니다.
대종사님께서는 '우리는 어느 때 어느 곳이든지 항상 경외심을 놓지 말고 존엄하신 부처님을 대하는 청정한 마음과 경건한 태도로 천만 사물에 응할 것이며, 천만 사물의 당처에 직접 불공하기를 힘써서 현실적으로 복락을 장만할지니'-「교의품」4장 라고 신앙의 방법을 설하셨습니다.
'경외심'과 '경건한 태도'가 신앙의 핵심입니다.
아무리 친한 사이라고 하더라도 반드시 유념해야 할 공부인의 덕목입니다.
이런 기본적인 것들이 지켜질 때 인연은 영원히 은혜로울 것입니다.

'좋은 인연'이 '낮은 인연'으로 변하는 것도 어떤 원인이 있기 때문이고,
'낮은 인연'이 '좋은 인연'으로 변하는 것도 어떤 원인이 있기 때문입니다.
'좋은 인연'이 '영원히 좋은 인연'이 되는 데도 반드시 그 원인이 있습니다.
대종사님께시 그 원인들을 일러주십니다.

나의 마음공부

- 나는 '남의 원 없는 일을 과도히 권하지' 않나요?

- 나는 '스스로 높은 체하여 남을 이기려고만 하지' 않나요?

- 나는 다른 사람의 '허물을 말하지' 않나요?

- 나는 '스승의 사랑을 자기만 받으려 하지' 않나요?

- 나는 친할수록 '더욱 공경'하고 '예'를 잃지 않고 있나요?

- 나는 어떤 인연이 왜 '좋은 인연'이 되거나, 왜 '낮은 인연'이 되는지를 잘 알고 있나요?

4

대종사 말씀하시기를
[이 세상 모든 사람을 접응하여 보면 대개 그 특성特性이 각각 다르나니,
특성이라 하는 것은
이 세상 허다한 법 가운데 자기가 특별히 이해하는 법이라든지,
오랫동안 견문에 익은 것이라든지,
혹은 자기의 의견으로 세워 놓은 법에 대한 특별한 관념이라든지,
또는 각각 선천적으로 가지고 있는 특별한 습성 등을 이르는 것이라,

사람 사람이 각각 자기의 성질만 내세우고 저 사람의 특성을 이해하지 못하면
다정한 동지 사이에도 촉觸이 되고 충돌이 생기기 쉽나니,
어찌하여 그런고 하면,
사람 사람이 그 익히고 아는 바가 달라서,
나의 아는 바를 저 사람이 혹 모르거나,
지방의 풍속이 다르거나,
신·구의 지견이 같지 아니하거나,
또는 무엇으로든지 전생과 차생에 익힌 바 좋아하고 싫어하는 성질이 다르고 보면,
나의 아는 바로써 저 사람의 아는 바를 부인하거나 무시하며,
심하면 미운 마음까지 내게 되나니,
이는 그 특성을 너른 견지에서 서로 이해하지 못하는 까닭이니라.

그러므로,

사람이 꼭 허물이 있어서만 남에게 흉을 잡히는 것이 아니니,

외도들이 부처님의 흉을 팔만 사천 가지로 보았다 하나

사실은 부처님에게 잘못이 있어서 그러한 것이 아니요,

그 지견과 익힌 바가 같지 아니하므로 부처님의 참된 뜻을 알지 못한 연고니라.

그런즉,

그대들도 본래에 익히고 아는 바가 다른 여러 지방 사람이 모인 대중 중에 처하여

먼저 사람마다 특성이 있음을 잘 이해하여야만

동지와 동지 사이에 서로 촉되지 아니하고 널리 포섭하는 덕이 화하게 되리라.]

『대종경』「교단품」4장

• **촉 觸** : ⑴ 다른 사람과 감정적으로 잘 부딪치는 것. 성질이 원만하지 못하여 다른 사람과 의견 충돌을 잘하고 잘 다투는 것. ⑵ 십이 연기의 여섯 번째. 주관과 객관의 접촉 감각으로, 근根과 대상과 식識이 서로 접촉하여 생기는 정신 작용을 이른다. 신근身根에 의하여 접촉되는 대상. ⑶ 촉각.

사람마다 특성이 있음을 잘 이해하여야 | 풀이 |

대종사 말씀하시기를
[이 세상 모든 사람을 접응하여 보면 대개 그 특성特性이 각각 다르나니,

소태산 대종사님은 처처불상處處佛像 사사불공事事佛供을 말씀하십니다.
신앙의 강령을 표어처럼 표현한 말씀입니다.
쉽고 간단히 풀이하자면, 모든 존재들, 모든 사람들을 부처님으로 모시자는 것,
특성이 제각각인 그들에 맞춰서 일마다 불공을 잘하자는 가르침입니다.
대종사님은 『정전』「불공하는 법」에서 '우주 만유는 곧 법신불의 응화신應化身이니,
당하는 곳마다 부처님(處處佛像)이요, 일일이 불공 법(事事佛供)'이라고 설하셨습니다.
기본적으로 '이 우주 만유 전체가 죄복을 직접 내려주는 사실적 권능이 있는 것'
-「교의품」8장 임을 전제로 한 사실적 신앙의 가르침입니다.
이 법문은 처처불상 사사불공의 가르침을 더욱 구체적으로 설명해주십니다.
사람의 '특성'이 각각 다른 것이 처처불상의 가르침과 연결된다면,
그 특성에 맞게 불공해서 '덕이 화하게' 하는 것은 사사불공이라고 할 수 있습니다.

특성이라 하는 것은
이 세상 허다한 법 가운데 자기가 특별히 이해하는 법이라든지,
오랫동안 견문에 익은 것이라든지,
혹은 자기의 의견으로 세워 놓은 법에 대한 특별한 관념이라든지,
또는 각각 선천적으로 가지고 있는 특별한 습성 등을 이르는 것이라,

대종사님은 사람의 '특성'에 대해 구체적으로 설명하십니다.
'자기가 특별히 이해하는 법', '자기의 의견으로 세워 놓은 법에 대한 특별한 관념'은
무엇을 의미할까요? 각자가 태어나면서부터 속한 법이나 도덕, 종교 등을 의미하거나,

각자의 가치관이나 이념적 지향 등을 의미한다고 볼 수 있겠습니다.
또한 '견문에 익은 것', '선천적으로 가지고 있는 특별한 습성' 등은 선천적 특성이나
후천적 학습으로 익힌 습성을 의미합니다.
이렇듯 사람의 특성이 다르게 형성된 이유를 분석할수록 그만큼 사람의 특성을
이해하기 어렵다는 것을 깨닫게 됩니다. 교리적으로 보자면 사람의 성품이 같더라도
후천적으로 특성은 달라질 수 있는 것입니다.

사람 사람이 각각 자기의 성질만 내세우고 저 사람의 특성을 이해하지 못하면
다정한 동지 사이에도 촉觸이 되고 충돌이 생기기 쉽나니,
어찌하여 그런고 하면,
사람 사람이 그 익히고 아는 바가 달라서,
나의 아는 바를 저 사람이 혹 모르거나,
지방의 풍속이 다르거나,
신·구의 지견이 같지 아니하거나,
또는 무엇으로든지 전생과 차생에 익힌 바 좋아하고 싫어하는 성질이 다르고 보면,
나의 아는 바로써 저 사람의 아는 바를 부인하거나 무시하며,
심하면 미운 마음까지 내게 되나니,
이는 그 특성을 너른 견지에서 서로 이해하지 못하는 까닭이니라.

교단에는 각기 다른 특성의 사람들이 모입니다.
비록 목적은 같아도 특성은 다르니 늘 '촉觸'과 '충돌'이 생기기 쉽습니다.
서로 아는 바가 다르니 상대방의 일음일이를 '부인하거나 무시' 할 수 있는데,
그 이유가 다양합니다.
각자의 '풍속'이 다르거나,
'지견이 같지 아니하거나'
'전생과 차생에 익힌 바'가 달라 '좋아하고 싫어하는 성질'이 다르기 때문입니다.
상대방에 대한 '부인과 무시'는 '심하면 미운 마음까지 내게 되'니,
상대방을 원망하게 되는 것입니다.

교단품

근본적인 원인은 '특성을 너른 견지에서 서로 이해하지 못하는 까닭' 입니다.
인과의 이치에 바탕한 이런 세밀한 분석은 교단 구성원간의 관계만이 아니라
인간관계 전반에 걸친 유용한 분석입니다.

그러므로,
사람이 꼭 허물이 있어서만 남에게 흉을 잡히는 것이 아니니,
외도들이 부처님의 흉을 팔만 사천 가지로 보았다 하나
사실은 부처님에게 잘못이 있어서 그러한 것이 아니요,
그 지견과 익힌 바가 같지 아니하므로 부처님의 참된 뜻을 알지 못한 연고니라.

비록 동지간에 '촉'과 '충돌'이 있었다고 해도 그 원인을 살펴보면
누군가의 특별한 잘못 때문이 아니라는 것을 부처님을 예로 들어 설명하십니다.
요컨대, 서로의 '특성'이 달랐을 뿐입니다.

그런즉,
그대들도 본래에 익히고 아는 바가 다른 여러 지방 사람이 모인 대중 중에 처하여
먼저 사람마다 특성이 있음을 잘 이해하여야만
동지와 동지 사이에 서로 촉되지 아니하고 널리 포섭하는 덕이 화하게 되리라.]

제자들이 서로 '촉'되고 '충돌'하지 않으려면
'먼저 사람마다 특성이 있음을 잘 이해하여야만' 한다고 가르쳐주십니다.
교단의 어느 일터에서든 일어날 수 있는 갈등을 풀어주기 위한 말씀입니다.
인간에 대한 깊은 이해가 전제되어야 갈등을 풀고 '포섭하는 덕'을 나툴 수 있습니다.
'덕德'이 있어야 '화化'하게 되어 화합和合 교단을 이룰 수 있습니다.

나의 마음공부

• 나는 동지의 특성을 잘 파악할 수 있나요?

• 나는 나의 특성을 잘 알고 있나요?

• 나는 동지나 상대방과 충돌을 얼마나 자주 하나요?

• 그 충돌의 원인을 잘 알고 있나요?

• '동지와 서로 촉되지 아니하고 널리 포섭하는 덕이 화하게' 하려면 어떻게 해야 할까요?

대종사 여러 제자에게 말씀하시기를
[사람이나 물건이나 서로 멀리 나뉘어 있을 때에는 무슨 소리가 없는 것이나,
점점 가까와져서 서로 대질리는 곳에는 반드시 소리가 나나니,
쇠가 대질리면 쇠소리가 나고, 돌이 대질리면 돌소리가 나는 것 같이,
정당한 사람이 서로 만나면 정당한 소리가 날 것이요,
삿된 무리가 머리를 모으면 삿된 소리가 나나니라.

보라! 과거의 모든 성인들은 회상을 펴신 지 여러 천년이 지났으되
자비에 넘치는 좋은 소리가 지금까지도 맑고 유창하여
일체 중생의 귀를 울리고 있으며,
그와 반면에 어질지 못한 무리들의 어지러운 곡조는
아직도 천만 사람의 마음을 경계하고 있지 아니한가.
그대들도 당초부터 아무 관계 없는 사이라면이어니와,
이왕 서로 만나서 일을 같이 하는지라 하여간 소리는 나고야 말터이니,
아무쪼록 조심하여 나쁜 소리는 나지 아니하고 좋은 소리만 길이 나게 하라.
만일 좋은 소리가 끊임없이 나온다면,
이것이 그대들의 다행한 일일 뿐 아니라 널리 세계의 경사가 되리라.]

『대종경』「교단품」5장

반드시 소리가 나나니 | 풀이 |

대종사 여러 제자에게 말씀하시기를
[사람이나 물건이나 서로 멀리 나뉘어 있을 때에는 무슨 소리가 없는 것이나,
점점 가까와져서 서로 대질리는 곳에는 반드시 소리가 나나니,
쇠가 대질리면 쇠소리가 나고, 돌이 대질리면 돌소리가 나는 것 같이,
정당한 사람이 서로 만나면 정당한 소리가 날 것이요,
삿된 무리가 머리를 모으면 삿된 소리가 나나니라.

교단이란 하나의 목적을 실현하기 위해 여러 사람이 모인 조직입니다.
목적이 고상해도 사람들이 화합하지 못하면 그 목적을 이루지 못합니다.
특성과 습관, 성격 등이 다른 사람들이 함께하다 보면 여러 가지 갈등이 발생합니다.
대종사님은 이를 '서로 대질리는 곳에는 반드시 소리가 나나니'라고 말씀하셨습니다.
'삿된 소리'가 아니라 '정당한 소리'가 나기를 원하셨습니다.

보라! 과거의 모든 성인들은 회상을 펴신 지 여러 천년이 지났으되
자비에 넘치는 좋은 소리가 지금까지도 맑고 유창하여
일체 중생의 귀를 울리고 있으며,
그와 반면에 어질지 못한 무리들의 어지러운 곡조는
아직도 천만 사람의 마음을 경계하고 있지 아니한가.

성인의 뜻을 받드는 종교가에서는 '좋은 소리'가 이어지고 있음을 칭송하시고,
'어질지 못한 무리들의 어지러운 곡조' 소리는 경계하고 안타까워하십니다.

그대들도 당초부터 아무 관계 없는 사이라면이어니와,
이왕 서로 만나서 일을 같이 하는지라 하여간 소리는 나고야 말터이니,

아무쪼록 조심하여 나쁜 소리는 나지 아니하고 좋은 소리만 길이 나게 하라.
만일 좋은 소리가 끊임없이 나온다면,
이것이 그대들의 다행한 일일 뿐 아니라 널리 세계의 경사가 되리라.]

교단 구성원들 사이에서 '소리'가 나는 것은 당연한 이치입니다.
대종사님께서 바라시는 바 역시 '좋은 소리'임은 당연합니다.
혹시라도 '나쁜 소리'가 날 것을 염려하시고
'좋은 소리'가 '끊임없이 나오'기를 염원하십니다.
좋은 소리가 난다는 것은 좋은 목적을 실현하기 위해 좋은 일을 하고
구성원들 사이도 좋아야 가능한 일입니다.
좋은 소리는 세상에 좋은 영향을 미칠 것이니 교단만이 아니라
'세계의 경사'인 것입니다.

나의 마음공부

• 내가 일하는 곳에서는 '무슨 소리'가 나고 있나요?

• 그 소리는 '자비에 넘치는 좋은 소리'인가요?

• '어지러운 곡조'의 '나쁜 소리'가 나지 않게 하려면 어떻게 해야 할까요?

• 나는 인간관계에서 어떤 '소리'가 날 때마다 그 원인을 잘 알고 있나요?

대종사 말씀하시기를
[사람이 이 세상에 활동할 때에
같은 인격 같은 노력을 가지고도
사업의 크고 작음을 따라 가치가 더하고 덜한 것이며,
사업의 길고 짧음을 따라 역사가 길고 짧나니,
사업의 크고 작음으로 말하면
개인의 가정 사업도 있고,
한 민족 한 국가를 위하는 사업도 있고,
온 세계를 위하는 사업도 있으며,
사업의 길고 짧음으로 말하면,
그 역사를 몇십 년 유전할 사업도 있고,
몇백 년 유전할 사업도 있고, 몇천 년 유전할 사업도 있고,
무궁한 세월에 길이 유전할 사업도 있어서
그 대소와 장단이 각각 사업의 판국을 따라 나타나나니라.

그런즉,
이 세상에서 가장 넓은 범위와 오랜 성질을 가진 것은 어떠한 사업인가 하면,
그것은 오직 도덕 사업이라,
도덕 사업은 국경이 없으며 연한이 없으므로
옛날 서가여래께서 천 이백 대중으로 더불어 걸식 생활을 하실 때라든지,
공자께서 위를 얻지 못하고 철환천하轍環天下하실 때라든지,
예수께서 십이 사도를 데리고 이곳 저곳으로 몰려다니실 때에는
그 세력이 참으로 미미하였으나,

오늘에 와서는 그 교법이 온 세계에 전해져서
세월이 지날수록 더욱 빛을 내고 있지 아니한가.
그대들도 이미 도가에 출신하였으니
먼저 이 도덕 사업의 가치를 충분히 알아서 꾸준한 노력을 계속하여
가장 넓고 가장 오랜 큰 사업의 주인공들이 되라.]

『대종경』「교단품」6장

- **철환천하** 轍環天下 : 수레를 타고 천하를 돌아다님. 공자가 자기의 뜻을 알아주는 사람을 찾아 수레를 타고 천하를 돌아다닌 것에서 유래한 말이다. 그러나 공자는 자기의 뜻을 정치에 활용해 줄 통치자를 쉽게 발견하지 못했다. 이처럼 자기의 뜻을 펴지 못하고 천하를 떠돌아다니는 것을 철환천하라고 한다.

가장 넓고 가장 오랜 큰 사업 　| 풀이 |

대종사 말씀하시기를
[사람이 이 세상에 활동할 때에
같은 인격 같은 노력을 가지고도
사업의 크고 작음을 따라 가치가 더하고 덜한 것이며,
사업의 길고 짧음을 따라 역사가 길고 짧나니,

대종사님께서 세상의 여러 가지 일을 일단 규모와 지속성으로 구분하십니다.
이어서 법문을 설하시기 위함입니다.

사업의 크고 작음으로 말하면
개인의 가정 사업도 있고,
한 민족 한 국가를 위하는 사업도 있고,
온 세계를 위하는 사업도 있으며,
사업의 길고 짧음으로 말하면,
그 역사를 몇십 년 유전할 사업도 있고,
몇백 년 유전할 사업도 있고, 몇천 년 유전할 사업도 있고,
무궁한 세월에 길이 유전할 사업도 있어서
그 대소와 장단이 각각 사업의 판국을 따라 나타나나니라.

규모의 대소와 시일의 장단이 서로 다름을 구체적으로 설명해주십니다.
우리 교단 사업의 의미를 설명하기 위한 말씀입니다.

그런즉,
이 세상에서 가장 넓은 범위와 오랜 성질을 가진 것은 어떠한 사업인가 하면,

그것은 오직 도덕 사업이라,

규모가 가장 크고, 지속성도 가장 큰 사업이 바로 '도덕 사업'임을 말씀하십니다.
'도덕 사업'의 위대함을 드러내시려는 말씀입니다.

도덕 사업은 국경이 없으며 연한이 없으므로
옛날 서가여래께서 천 이백 대중으로 더불어 걸식 생활을 하실 때라든지,
공자께서 위를 얻지 못하고 철환천하轍環天下하실 때라든지,
예수께서 십이 사도를 데리고 이곳 저곳으로 몰려다니실 때에는
그 세력이 참으로 미미하였으나,
오늘에 와서는 그 교법이 온 세계에 전해져서
세월이 지날수록 더욱 빛을 내고 있지 아니한가.

초창기 교단의 간고한 생활 속에서 새 회상 건설에 나선 제자들에게
대종사님은 옛 성현님들의 선례를 들어 그분들의 사업의 의미를 드러내십니다.
처음에는 세력이 '미미'했지만 '세월이 지날수록 더욱 빛을 내고' 있는
성업을 칭송합니다.
옛 성현들의 뒤를 잇는 우리 교단도 그렇게 초창기의 어려움을 극복하고
빛나는 성과를 내자는 격려의 뜻이 담긴 말씀입니다.

그대들도 이미 도가에 출신하였으니
먼저 이 도덕 사업의 가치를 충분히 알아서 꾸준한 노력을 계속하여
가장 넓고 가장 오랜 큰 사업의 주인공들이 되라.]

제자들이 '이 도덕 사업의 가치를 충분히 알아'야 하고,
그래야 '꾸준한 노력을 계속'할 수 있습니다.
'가장 넓고 가장 오랜 큰 사업'을 시작한 소태산 대종사님으로선
제자들이 그 성스러운 사업의 '주인공'이 되어주기를 바라십니다.

이런 가르침은 『대종경』 곳곳에서 거듭 강조되고 있습니다.
예컨대 「서품」 7장에서 대종사님은 '우리가 시작하는 이 사업은 보통 사람이 다 하는 바가 아니며 보통 사람이 다 하지 못하는 바를 하기로 하면 반드시 특별한 인내와 특별한 노력이 있어야 할 것인 바'라고 설하십니다.
사업의 의미를 알아야 실행이 이어지고,
그래야 사업의 성과를 내어 그 주인공들도 보람을 얻을 수 있는 것입니다.

교단이란 '도덕 사업의 가치'를 깨달아서 '꾸준한 노력을 하는'
여러 '주인공'들의 공동체입니다.

나의 마음공부

• 나는 '이 도덕 사업의 가치를 충분히 알'고 있나요?

• 나는 이 도덕 사업을 위해 '꾸준한 노력을 계속'하고 있나요?

• 나는 주로 어떤 사업, 일에 주력하고 있나요?

• 나는 앞으로 '이 도덕 사업'을 위해 어떤 노력을 얼마만큼 할 계획인가요?

대종사 말씀하시기를
[전무출신專務出身은 원래 정신과 육신을 오로지 공중에 바친 터인지라,
개인의 명예와 권리와 이욕은 불고하고,
오직 공사에만 전력하는 것이 본분이어늘,
근래에 어떤 사람을 보면 점점 처음 마음을 잊어버리고 딴 트집이 생겨나서
공연한 원망을 품기도 하고 의 아닌 사량심思量心도 일어내어
남을 위한다는 사람이 자기 본위로 생각이 변해지고 있으니,
이 어찌 전무출신의 본분이라 하리요.
그대들의 당초 서원誓願은 영원한 장래에 무루無漏의 복을 짓자는 것이요,
중생 가운데서 보살의 행을 닦자는 것이어늘,
복을 짓기로 한 장소에서 도리어 죄를 얻게 되고,
보살의 행을 닦자는 공부에서 도리어 중생심이 길어난다면,
그 죄업이 보통 세상에서 지은 몇 배 이상으로 크게 될 것이니 어찌 두렵지 아니하리요.

그대들은 이 말을 명심하여 항상 자기 마음을 대조해 보되,
내가 남을 위하는 전무출신인가 남에게 위함을 바라는 전무출신인가를 잘 살펴서,
남을 위하는 전무출신이면 그대로 꾸준히 진행하려니와,
만일 남에게 위함을 바라는 전무출신이어든 바로 그 정신을 고치든지,
그 정신이 끝내 고쳐지지 못하거든 차라리 사가로 돌아가서
당초에 원하지 아니한 큰 죄업이 앞에 쌓이지 않도록 하라.]

『대종경』「교단품」7장

• **본분本分** : 사람이 저마다 가지는 본디의 신분. 마땅히 지켜야 할 직분.

남을 위하는 전무출신 | 풀이 |

대종사 말씀하시기를
[전무출신專務出身은 원래 정신과 육신을 오로지 공중에 바친 터인지라,

소태산 대종사님께서 생각하시는 '전무출신'의 '본분'을 알 수 있는 법문입니다.
전무출신專務出身의 '전專' 자는 '오롯하다', '오로지'라는 뜻입니다.
'무務'는 '힘쓴다', '출出'은 '나감', '신身'은 '몸'을 의미합니다.
'무언가'를 위해 '오롯이 힘쓰려고 몸을 내놓은 사람'이란 뜻이 됩니다.
대종사님의 말씀을 참고하면 그 '무언가'가 바로 '공중'임을 알 수 있습니다.
'공중公衆'이란 일반적으로 '사회의 대부분의 사람. 일반 사람들. 민중'을 뜻합니다.
원불교적으로 푼다면 '범부', '중생'일 수 있고
더 넓게 보자면 '일체 생령'으로 해석할 수 있습니다.
전무출신은 「개교의 동기」에 공감하여 그 일에 누구보다 앞장선 사람들입니다.
'파란고해의 일체 생령을 광대무량한 낙원으로 인도하려 함이 그 동기니라.'라는
원불교 교단의 목적과 사명을 완수하려고,
'오롯이 힘쓰기 위해'(專務) '몸을 내놓은 사람'(出身)인 것입니다.
전무출신은 그 일에 심신을 오롯이 바치는 사람입니다.

개인의 명예와 권리와 이욕은 불고하고,
오직 공사에만 전력하는 것이 본분이어늘,

'개인의 명예와 권리와 이욕'에 연연한다면 전무출신을 할 수 없습니다.
'오직 공사에만 전력'할 수도 없습니다.
'공중'을 위한 일, 즉 '공사'에만 '전력'하기 위해서 전무출신을 하는 것입니다.

교단품

근래에 어떤 사람을 보면 점점 처음 마음을 잊어버리고 딴 트집이 생겨나서
공연한 원망을 품기도 하고 의 아닌 사량심思量心도 일어내어
남을 위한다는 사람이 자기 본위로 생각이 변해지고 있으니,
이 어찌 전무출신의 본분이라 하리요.

전무출신의 본분을 잊은 제자들에게 경각심을 불러일으키는 법문을 해주십니다.
'처음 마음' 즉 초심을 잊은 이들에게 '처음 마음'을 상기시켜 주십니다.
'딴 트집'이 생기거나,
'공연한 원망'을 품거나,
'의 아닌 사량심'을 일으키거나,
'자기 본위로 생각'하는 것을 크게 경계하십니다.
전무출신의 본분에 충실하다면
어떠한 역경과 난경에도 '딴 트집'이 날 수 없습니다.
사은의 은혜에 보은하면서 '공연한 원망'을 할 수도 없습니다.
정의를 행하면서 '의 아닌 사량심'을 일으킬 이유도 없습니다.
'공중'을 위하려고 희생하는 사람이 '자기 본위로 생각'할 이유도 없습니다.

그대들의 당초 서원誓願은 영원한 장래에 무루無漏의 복을 짓자는 것이요,
중생 가운데서 보살의 행을 닦자는 것이어늘,
복을 짓기로 한 장소에서 도리어 죄를 얻게 되고,
보살의 행을 닦자는 공부에서 도리어 중생심이 길어난다면,

전무출신을 서원한다는 것이 희유한 일이고 고귀한 것이지만
곧바로 법력이 상승하는 것도 아니고 바로 심법이 달라지지도 않습니다.
본인의 법력은 아직 그대로이고 과거의 습관도 그대로입니다.
서원과 실행은 일치하기 어렵습니다.
이런 간극으로 인해 전무출신의 본분에 어긋나는 심신작용이 발생하게 됩니다.

그 죄업이 보통 세상에서 지은 몇 배 이상으로 크게 될 것이니
어찌 두렵지 아니하리요.

일단 전무출신을 시작했는데 심신작용이 본분에 어긋난다면
그 과보가 '보통 세상에서 지은 몇 배 이상으로 크게 될 것'이라고 경계하십니다.
인과의 이치는 호리도 틀림이 없는 것입니다.
인과보응의 이치에 따른 과보를 미리 알려주시며 본분을 상기시켜 주십니다.

그대들은 이 말을 명심하여 항상 자기 마음을 대조해 보되,
내가 남을 위하는 전무출신인가 남에게 위함을 바라는 전무출신인가를 잘 살펴서,
남을 위하는 전무출신이면 그대로 꾸준히 진행하려니와,
만일 남에게 위함을 바라는 전무출신이어든 바로 그 정신을 고치든지,
그 정신이 끝내 고쳐지지 못하거든 차라리 사가로 돌아가서
당초에 원하지 아니한 큰 죄업이 앞에 쌓이지 않도록 하라.]

외형적으로 '전무출신'을 하는 것이 중요한 것이 아니라
내실 있게 '전무출신의 본분'을 다하는 것이 중요합니다.
대종사님은 '남을 위하는 전무출신'인지 '남에게 위함을 바라는 전무출신'인지
각자 성찰하라고 주문하십니다.
반성 후 '바로 그 정신을 고치'라고 하시고,
'끝내 고쳐지지 못하거든 차라리 사가로 돌아가'라고 하십니다.
'큰 죄업'을 받지 않기 위함입니다.

교단을 위해 무아봉공의 헌신에 앞장서야 할 전무출신의 본분을 돌아보게 하는
법문이며, 전무출신의 정체성 확립과 전무출신 제도 운영에 골간이 되는 지침입니다.

참고로 이 법문이 전무출신을 위한 것이지만 그 내용을 보면 전무출신이 아니어도
공부인 누구나 보감삼을 만한 내용이라고 할 수 있습니다.

교단은 전무출신이 아니어도 여러 재가교역자 제도를 통해서 '공중'을 위하는 '공사'에 동참하도록 하고 있기 때문입니다.
교단의 주인 역할을 하려는 사람들은 이 법문을 자기 성찰의 기준으로 삼아도 좋을 것입니다.
이런 기준들에 맞춰서 '공사'를 하다 보면 자연히 진급하게 되기 때문입니다.
원불교 교단의 여러 가지 제도들은 제도 사업을 잘하기 위한 방편일 뿐입니다.
성불제중, 제생의세의 서원을 품은 교도라면 전무출신이 아니어도
이 법문을 자기 향상의 지침으로 받아들여야 할 것입니다.

나의 마음공부

(전무출신이 아니어도 자신을 성찰해봅니다.)
- 나는 교단(교당) 일을 하면서 '딴 트집', 괜한 불만이 얼마나 생기나요?

- 나는 교단(교당) 일을 하면서 '공연한 원망'을 얼마나 품나요?

- 나는 교단(교당) 일을 하면서 '의 아닌 사량심'을 얼마나 내나요?

- 나는 교단(교당) 일을 하면서 '자기 본위'로 생각이 변하고 있나요?

- 내가 교단(교당)일을 하는 목적은 무엇인가요?

정 양선丁良善 등이 식당 고역에 골몰하여 얼굴이 빠져감을 보시고,
대종사 말씀하시기를
[너희가 일이 고되어 얼굴이 빠짐이로다.
너희들이 이 공부 이 사업을 하기 위하여
혹은 공장 혹은 식당 혹은 산업부産業部 등에서
모든 괴로움을 참아가며 힘에 과한 일을 하는 것은
비하건대 모든 쇠를 풀무 화로에 집어넣고 달구고 또 달구며
때리고 또 때려서 잡철은 다 떨어 버리고 좋은 쇠를 만들어
세상에 필요한 기구를 제조함과 같나니,
너희들이 그러한 괴로운 경계 속에서 진리를 탐구하며 삼대력을 얻어 나가야
범부의 잡철이 떨어지고 정금精鈗 같은 불보살을 이룰 것이라,
그러므로 저 풀무 화로가 아니면 능히 좋은 쇠를 이뤄내지 못할 것이요
모든 괴로운 경계의 단련이 아니면 능히 뛰어난 인격을 이루지 못하리니,
너희는 이 뜻을 알아서 항상 안심과 즐거움으로 생활해 가라.]

『대종경』「교단품」 8장

• 풀무 : 불을 피울 때에 바람을 일으키는 기구. 골풀무와 손풀무 두 가지가 있다.
• 잡철 雜鐵 : 잡다하게 모아 놓은 헌 쇠붙이. 잡다한 데 쓸 만한 쇠붙이.
• 정금 精鈗 : 정교하게 다듬은 금. 순수한 금.

세상에 필요한 기구　　| 풀이 |

정양선丁良善 등이 식당 고역에 골몰하여 얼굴이 빠져감을 보시고,
대종사 말씀하시기를

이 당시 교단 살림은 가난하고 해야 할 일은 과중한 때였습니다.
자립경제를 지향했던 교단의 구성원들은 늘 부지런히 일해야 했습니다.
살이 빠져가는 제자를 보는 대종사님 마음도 편치 않았을 것입니다.
대종사님은 제자를 위해 법문을 하십니다.

[너희가 일이 고되어 얼굴이 빠짐이로다.

'일이 고되어 얼굴이 빠짐'이라고 사실적인 인과 관계를 짚어주십니다.
대종사님은 제자가 고생함을 잘 알고 계셨습니다.
그리고 그 일에 대한 의미를 부여해주십니다.

너희들이 이 공부 이 사업을 하기 위하여
혹은 공장 혹은 식당 혹은 산업부産業部 등에서
모든 괴로움을 참아가며 힘에 과한 일을 하는 것은
비하건대 모든 쇠를 풀무 회로에 집어넣고 달구고 또 달구며
때리고 또 때려서 잡철은 다 떨어 버리고 좋은 쇠를 만들어
세상에 필요한 기구를 제조함과 같나니,

과한 일을 하며 고생하는 것을, '잡철'을 '좋은 쇠'로 만드는 것에 비유하시고,
'좋은 쇠'를 만드는 목적은 '세상에 필요한 기구'를 만들기 위함이라고 말씀하십니다.
예컨대, 호미나 낫, 쟁기 등을 만들려면 좋은 쇠가 필요한 것과 같습니다.

물론 '세상에 필요한 기구' 역시 비유입니다.

너희들이 그러한 괴로운 경계 속에서 진리를 탐구하며 삼대력을 얻어 나가야
범부의 잡철이 떨어지고 정금精金 같은 불보살을 이룰 것이라,

'세상에 필요한 기구'란 바로 '정금 같은 불보살'을 비유한 것이죠.
'이 공부 이 사업'에 앞장서는 불보살, 전무출신과 같은 인물을 의미합니다.

그러므로 저 풀무 화로가 아니면 능히 좋은 쇠를 이뤄내지 못할 것이요
모든 괴로운 경계의 단련이 아니면 능히 뛰어난 인격을 이루지 못하리니,
너희는 이 뜻을 알아서 항상 안심과 즐거움으로 생활해 가라.]

대종사님은 '괴로운 경계'를 피하라고 하지 않으시고
'뛰어난 인격'을 이루는 방편으로 삼으라고 가르쳐주십니다.
'괴로운 경계의 단련'을 인격 완성의 필수 요소로 생각하십니다.
여기서의 '단련'이란 교리적으로는 '훈련'이라고 할 수 있습니다.
역경과 난경 속에서 훈련하라는 뜻입니다.

대종사님의 교법을 수행과 신앙으로 나눠보자면
'이 공부 이 사업', 즉 '삼학 팔조'와 '사은 사요'로 볼 수 있습니다.
대종사님의 교법이 특이한 점은 이 공부 이 사업,
즉 수행과 신앙이 모두 천만 경계 속에서 이뤄진다는 것입니다.
일정한 시간과 장소에서 행하는 정기훈련이 아니라면
나머지 모든 신앙과 수행은 일상 생활, 천만 경계 속에서 훈련된다는 점입니다.

'수도인이 경계를 피하여 조용한 곳에서만 마음을 길들이려 하는 것은 마치 물고기를 잡으려는 사람이 물을 피함과 같나니 무슨 효과를 얻으리요. 그러므로, 참다운 도를 닦고자 할진대 오직 천만 경계 가운데에 마음을 길들여야 할 것이니 그래야만 천만 경계

에 마음이 흔들리지 않는 큰 힘을 얻으리라.' - 「수행품」50장 는 법문에서도 경계를 피하지 않도록 하고 있으며 그래야 천만 경계에 응해서도 '마음이 흔들리지 않는 큰 힘을 얻으리라'라고 설하십니다.

다음과 같은 법문에서도 일맥상통한 가르침이 이어집니다.
'항상 정당한 도리만 밟아 행하여 능히 천만 경계를 응용하는 사람은 될지언정 천만 경계에 끌려다니는 사람은 되지 말라.' - 「수행품」20장

'이를 몰아 말하자면 모든 재주와 모든 물질과 모든 환경을 오직 바른 도로 이용하도록 가르친다 함이니라.' - 「교의품」29장

'마음을 항상 챙기고 또 챙겨서 신앙으로 모든 환경을 지배할지언정 환경으로 신앙이 흔들리는 용렬한 사람은 되지 말라.' - 「신성품」12장

수행도 천만 경계 속에서 해야 천만 경계에 응해서 마음을 자유롭게 사용할 수 있고,
신앙도 천만 경계 속에서 해야 천만 경계를 바른 도로 이용하여 보은을 할 수 있습니다.
제자가 과한 일로 살이 빠질 만큼 어려움을 겪고 있지만
오히려 그 경계 속에서 신앙과 수행을 훈련하여 마음의 힘을 키워서
'항상 안심과 즐거움으로 생활'하라고 독려하십니다.
마음의 힘을 얻고 지은보은의 보람으로 '안심과 즐거움',
즉 '법열'을 얻을 수 있음을 알려주십니다.

나의 마음공부

• 나는 얼굴이 빠질 정도로 교단의 공중사를 해보았나요?

• 나는 어떻게 '범부의 잡철'을 떼고 있나요?

• 나는 어느 정도나 '정금精金 같은 불보살'을 이루고 있나요?

• 나는 '괴로운 경계의 단련'을 어떻게 하고 있나요?

• 나는 '괴로운 경계'에도 '안심과 즐거움'으로 생활할 수 있나요?

한 제자 여쭙기를
[많은 생生에 금사망 보報를 받을 죄인은
속인에게 보다도 말세 수도인에게 더 많다는 말이 있사오니 어찌 그러하나이까.]
대종사 말씀하시기를
[속인들의 죄악은 대개 그 죄의 영향이 개인이나 가정에만 미치지마는
수도인들의 잘못은 정법을 모르고 남을 그릇 인도하면
여러 사람의 다생을 그르치게 되는 까닭이요,
또는 옷 한 벌 밥 한 그릇이 다 농부의 피와 직녀의 땀으로 된 것인데
그만한 사업이 없이 무위도식無爲徒食 한다면
여러 사람의 고혈을 빨아 먹음이 되는 연고요,
또는 사은의 크신 은혜를 알면서도 그 은혜를 보답하지 못하므로
가정·사회·국가·세계에 배은이 되는 연고라,
이 말을 들을 때에 혹 과하게 생각할 사람이 있을지도 모르나
실에 있어서는 과한 말이 아니니,
그대들은 때때로 반성하여 본래 목적한 바에 어긋남이 없게 하기를 바라노라.]

『대종경』「교단품」9장

- 금사망보 金絲網報 : 금색 그물 무늬를 몸에 두른 구렁이로 태어나는 과보. 탐욕이 많은 사람이 금사망보를 받기 쉽다고 하며, 세속적 쾌락에 탐닉하고 수행을 잘못한 말세 수도인들이 보통 사람들보다 금사망보를 더 많이 받게 된다고 한다. 보통사람의 경우 죄를 지으면 그 영향이 개인이나 가정에만 미치지만 수도인들은 정법을 모르고 남을 잘못 인도하면 여러 사람의 다생을 그르치게 되기 때문이다. 또한 수행정진하지 않고 신자들의 정재淨財로 무위도식하거나 사은의 큰 은혜에 보은하지 못하고 폐해를 끼친다면 금사망보를 받기 쉽고, 한번 받으면 벗어나기 어렵다고 한다.
- 무위도식 無爲徒食 : 하는 일 없이 놀고먹음.
- 고혈 膏血 : (1) 사람의 기름과 피. (2) 몹시 고생해서 얻은 이익이나 재산을 비유한 말. 고택膏澤.

금사망 보報를 받을 죄인 | 풀이 |

한 제자 여쭙기를
[많은 생生에 금사망 보報를 받을 죄인은
속인에게 보다도 말세 수도인에게 더 많다는 말이 있사오니 어찌 그러하나이까.]

금사망金絲網이란 금빛 실로 엮어서 만든 그물을 의미합니다만,
'금사망金絲網 보報'라고 할 때는 사람이 죽은 뒤에 생전의 업보로 인해 윤회하여
구렁이 뱀으로 태어나는 것의 비유적 표현입니다.
뱀의 무늬가 금빛 그물 같아 보이는 데서 비롯된 표현입니다.
불교의 윤회론에 따라 육도 중에서 뱀이라는 축생보를 받게 됨을 의미합니다.

참고로 『정전』과 『대종경』에는 다음과 같이 육도 윤회를 언급한 법문들이 많습니다.
'무상으로 보면 우주의 성·주·괴·공成住壞空과 만물의 생·로·병·사生老病死와 사생四生의 심신 작용을 따라 육도六途로 변화를 시켜 혹은 진급으로 혹은 강급으로 혹은 은생어해恩生於害로 혹은 해생어은害生於恩으로 이와 같이 무량 세계를 전개하였나니,'
- 「일원상 서원문」

'범부 중생은 육도의 윤회와 십이 인연에 끌려 다니지마는 부처님은 천업天業을 돌파하고 거래와 승강을 자유 자재하시나니라.' - 「불지품」6장

'만일 호리라도 애착 탐착을 여의지 못하고 보면 자연히 악도에 떨어져 가나니, 한 번 이 악도에 떨어져 가고 보면 어느 세월에 또 다시 사람의 몸을 받아 성현의 회상을 찾아 대업大業을 성취하고 무량한 혜복을 얻으리요.' - 「천도품」5장

'근래 사람들이 혹 좋은 묘터를 미리 잡아 놓고 거기에 자기가 묻히리라는 생각을 굳게

가지는 수가 더러 있으나, 그러한 사람은 명을 마치는 찰나에 영식이 바로 그 터로 가게 되어 그 주위에 인도 수생의 길이 없으면 부지중 악도에 떨어져서 사람 몸을 받기가 어렵게 되나니 어찌 조심할 바 아니리요.' -「천도품」20장

금사망 보를 받는 것도 무서운 일인데
'속인에게 보다도 말세 수도인에게 더 많다'고 하니 제자가 그 이유를 질문합니다.
언뜻 생각해서는 이해하기 쉽지 않은 말입니다.
대개 속인이 수도인보다 죄업이 중하다고 생각하기 쉽기 때문입니다.
질문하는 제자도 수도인이니 이런 말의 속뜻을 제대로 알고 싶었을 것입니다.

대종사 말씀하시기를
[속인들의 죄악은 대개 그 죄의 영향이 개인이나 가정에만 미치지마는
수도인들의 잘못은 정법을 모르고 남을 그릇 인도하면
여러 사람의 다생을 그르치게 되는 까닭이요,

대종사님은 수도인의 죄업이 무거울 수 있는 이유를 일일이 열거해주십니다.
그 첫째 이유는 여러 사람을 그릇 인도하는 것입니다.
여러 사람에게 오래도록 악영향을 미쳤으니 과보 또한 더 무거운 것입니다.

「인과품」26장에서 '중생들이 철없이 많은 죄업을 짓는 가운데 특히 무서운 죄업 다섯 가지가 있나니, 그 하나는 바른 이치를 알지 못하고 대중의 앞에 나서서 여러 사람의 정신을 그릇 인도함이요.'라고 경계하신 바와 같습니다.

또는 옷 한 벌 밥 한 그릇이 다 농부의 피와 직녀의 땀으로 된 것인데
그만한 사업이 없이 무위도식無爲徒食 한다면
여러 사람의 고혈을 빨아 먹음이 되는 연고요,

두 번째는 마땅히 해야 할 일을 하지 않고 놀고먹는 수도인들 또한 금사망 보를 받게

된다는 말씀입니다.

또는 사은의 크신 은혜를 알면서도 그 은혜를 보답하지 못하므로
가정·사회·국가·세계에 배은이 되는 연고라,

세 번째 내용은 두 번째 내용과 같은 맥락입니다.
제대로 보은하지 못하면, 즉 배은하면 그런 과보를 받을 수 있다는 말씀입니다.
은혜를 받기만 하고 갚지를 못한 과보입니다.

이 말을 들을 때에 혹 과하게 생각할 사람이 있을지도 모르나
실에 있어서는 과한 말이 아니니,

대종사님께서는 자세히 설명을 하신 다음에 다시 강조하십니다.
이런 말을 '과하게 생각' 하지 말라고 당부하십니다.

그대들은 때때로 반성하여 본래 목적한 바에 어긋남이 없게 하기를 바라노라.]

물론 말세의 수도인이라고 해서 모두 다 이런 과보를 받는 것은 아닙니다.
이런 과보를 받을 만한 죄업을 지어야 이런 과보를 받는 것입니다.
수도인들은 이런 무거운 과보를 생각해서라도 '반성'하고 '본래 목적'을 성찰하여
자신의 실행과 대조하라고 설하십니다.

나의 마음공부

• 나는 사람이 죽은 다음에 뱀과 같은 축생으로 환생할 수 있다는 것을 잘 아나요?

• 나는 '말세 수도인' 가운데 한 사람인가요?

• 나는 '법을 모르고 남을 그릇 인도'하고 있는 것은 아닌가요?

• 나는 '무위도식' 하고 있나요?

• 나는 '사은'에 '보은'을 제대로 하고 있나요?

대종사 말씀하시기를

[우리는 고혈마膏血魔가 되지 말아야 할지니,

자기의 지위나 권세를 이용하고 간교奸巧한 수단을 부리어

자기만 못한 사람들의 피땀으로 모인 재산을 정당한 댓가 없이 취하여 먹으며,

또는 친척이나 친우라 하여 정당하지 못한 의뢰심으로 이유 없는 의식을 구하여,

자기만 편히 살기를 도모한다면

이러한 무리를 일러 고혈마라고 하나니라.

그런즉, 우리도 우리의 생활을 항시 반성하여 보되

매일 여러 사람을 위하여 얼마나한 이익을 주고,

이와 같은 의식 생활을 하는가 대조하여

만일 그만한 노력이 있었다면 이는 스스로 안심하려니와,

그만한 노력이 없이 다만 공중을 빙자하여 자기의 의식이나 안일만을 도모한다면

이는 한 없는 세상에 큰 빚을 지는 것이며,

따라서 고혈마임을 면하지 못하나니 그대들은 이에 크게 각성할지어다.]

『대종경』「교단품」10장

- **고혈마 膏血魔** : 사람의 기름과 피를 빨아 먹는다는 귀신. 사람의 심신을 괴롭혀 자기의 이익을 얻는 사람을 귀신에 비유하여 하는 말이다. 정당한 노력 없이 다른 사람들의 피와 땀으로 모은 재산을 자기의 지위나 권세를 이용하고 간교奸巧한 수단을 부려 자기의 것으로 삼는 나쁜 사람이나, 친척이나 친우라 하여 정당하지 못한 의뢰심으로 이유 없는 의식衣食을 구하여 자기만 편히 살기를 도모하는 사람이다. 정상모리배·불한당·사기꾼·인신 매매범·부동산투기꾼·복부인 등과 같이 사회의 정당한 윤리도덕을 파괴하는 사람도 고혈마에 해당한다. 또 무위도식無爲徒食하거나 수행인이 수행정진 없이 신자들이 가져다주는 것으로 편안히 먹고 노는 것도 일종의 고혈마라 할 수 있다.

고혈마膏血魔가 되지 말아야 | 풀이 |

대종사 말씀하시기를
[우리는 고혈마膏血魔가 되지 말아야 할지니,
자기의 지위나 권세를 이용하고 간교奸巧한 수단을 부리어
자기만 못한 사람들의 피땀으로 모인 재산을 정당한 댓가 없이 취하여 먹으며,
또는 친척이나 친우라 하여 정당하지 못한 의뢰심으로 이유 없는 의식을 구하여,
자기만 편히 살기를 도모한다면
이러한 무리를 일러 고혈마라고 하나니라.

소태산 대종사님은 『정전』, 『대종경』을 통해서
악을 경계하고 선을 장려하시기 위해 여러 가지 비유적 표현을 하십니다.
'낮도깨비', '천마 외도', '마군魔軍', '땅 사람', '구미호九尾狐' 등입니다.
그런데 본 법문의 '고혈마'라는 표현은 이들보다 훨씬 심한 표현입니다.
피와 기름을 빨아먹는 악마가 고혈마이니 흡혈귀吸血鬼와 같다고 할 수 있겠습니다.
대종사님의 경계심警戒心의 강도를 짐작할 수 있는 표현입니다.

대종사님께서 어떤 사람들을 고혈마라고 하셨을까요?
첫째, 정당한 대가 없이 타인의 재산을 취하는 사람.
둘째, 정당하지 못한 의뢰심으로 자기만 편하게 살려는 사람입니다.
기본적인 교리인 인과의 이치, 지은보은, 자력양성 등에 어긋나는 사람들입니다.
절대로 이런 행위를 하지 말라는 대종사님의 간절한 마음이 드러나는 대목입니다.

그런즉, 우리도 우리의 생활을 항시 반성하여 보되
매일 여러 사람을 위하여 얼마나한 이익을 주고,
이와 같은 의식 생활을 하는가 대조하여

만일 그만한 노력이 있었다면 이는 스스로 안심하려니와,
그만한 노력이 없이 다만 공중을 빙자하여 자기의 의식이나 안일만을 도모한다면
이는 한 없는 세상에 큰 빚을 지는 것이며,
따라서 고혈마임을 면하지 못하나니 그대들은 이에 크게 각성할지어다.]

대종사님께서는 신앙 체계를 구조화하시면서 '인과보응의 이치'를
'은恩(은혜)', '사은四恩'으로 풀어서 '인과보응의 신앙문'을 세우셨습니다.
당신이 직접 저술한 『정전』의 상당 부분을 '사은四恩'에 할애하셨습니다.
대종사님의 핵심 사상이 '은' 사상임을 잘 보여줍니다.
이 법문의 내용 역시 '배은'하지 말라는 말씀과 다르지 않습니다.
은혜를 깊이 느껴서 '보은의 도'를 다해야 한다는 가르침입니다.
배은을 하면 자신도 강급하고 불행해지며
주변 인연과 사회도 그렇게 된다는 경고의 말씀입니다.
'세상에 큰 빚을 지는' 행위를 하는 사람이 바로 '고혈마'입니다.
은혜를 깊이 느끼고 깨달아 보은행을 하지 않으면 그 사람이 곧 고혈마입니다.

공중을 위해, 세상을 위해 무아봉공을 하겠다고 나선 사람들로서
'공중을 빙자하여 자기의 의식이나 안일만을 도모'하는 행위를 하는 사람이
바로 '고혈마'임을 명심해야 합니다.
출가·재가 교도들은 각자의 심신작용을 이 말씀에 비춰서 깊이 성찰해야 합니다.
고혈마 같은 심신작용을 하는 순간 고혈마가 되기 때문입니다.
'크게 각성'하지 않으면 '고혈마'인 줄도 모르는 '고혈마'가 될 수 있습니다.
모골毛骨이 송연悚然한 무서운 말씀입니다.

나의 마음공부

- 나는 '정당한 대가 없이' 어떤 이익을 취하고 있나요?

- 나는 '정당하지 못한 의뢰심으로' 편히 살려고 하나요?

- 나는 세상에 어떤 빚을 얼마나 지고 있나요?

- 나는 세상에 얼마나 유익을 주고 있나요?

- 나는 고혈마가 되지 않기 위해서 어떤 노력을 해야 할까요?

대종사 서울 교당에서
이완철李完喆에게 짐을 지고 역驛까지 가자 하시거늘,
완철이 사뢰기를
[제가 지금 교당 수축 관계로 십여 명의 인부를 부리고 있을뿐더러
교무敎務의 위신상으로도 난처하나이다.]하니,
대종사 그 짐을 오창건에게 지우시고 다녀오신 후 말씀하시기를
[완철은 아까 처사를 어떻게 생각하는가.]
완철이 사뢰기를
[크게 잘못한 일은 아닌가 하나이다.]
대종사 말씀하시기를
[그대의 이유에도 일리는 있으나 짐 하나 지기를 부끄러이 여겨
스승의 명을 어기고도 그 일을 크게 생각하지 아니한다면
이것이 어찌 전무출신의 본분이라 할 것이며,
또한 그러한 마음을 가지고 어찌 만생을 널리 건지는 큰 일꾼 되기를 기약하리요.]
하시고
[그러한 정신을 놓지 못하겠거든 차라리 사가로 돌아가라.]하시며
엄중히 경책하시는지라,
완철이 잘못을 사죄하고 그 후로는 위신을 생각하여
허식하는 일이 없는 공부를 계속하니라.

『대종경』「교단품」11장

- **교무 敎務** : 원불교 성직자로 교화·교육·자선 등 원불교 교단의 각종 사업에 종사하는 사람을 일컫는 호칭. 전무출신專務出身으로서 교무자격검정에 합격하여 종법사가 수여하는 소정의 자격을 받은 자로 교역에 종사하는 사람을 말한다.
- **허식 虛飾** : 실속은 없이 겉만 꾸밈. 헛치레.

짐 하나 지기를 부끄러이 여겨 | 풀이 |

대종사 서울 교당에서
이완철李完喆에게 짐을 지고 역驛까지 가자 하시거늘,
완철이 사뢰기를
[제가 지금 교당 수축 관계로 십여 명의 인부를 부리고 있을뿐더러
교무敎務의 위신상으로도 난처하나이다.]하니,

짐을 들어달라는 대종사님의 명 또는 부탁을 제자가 거부합니다.
이유는 '교무의 위신'의 훼손입니다.

대종사 그 짐을 오창건에게 지우시고 다녀오신 후 말씀하시기를
[완철은 아까 처사를 어떻게 생각하는가.]
완철이 사뢰기를
[크게 잘못한 일은 아닌가 하나이다.]

대종사님께서는 이미 제자 이완철의 취사에 대해 판단하셨지만
일단 용무를 보신 다음에 그 제자의 행동에 대한 감정鑑定을 해주십니다.
사실은 제자 이완철이 먼저 대종사님께 감정을 구하는 것이 맞는데
제자는 아직 자신의 잘못을 알아차리지 못하고 있습니다.
자신의 행동을 '크게 잘못한 일은 아니'라고 답합니다.

대종사 말씀하시기를
[그대의 이유에도 일리는 있으나 짐 하나 지기를 부끄러이 여겨
스승의 명을 어기고도 그 일을 크게 생각하지 아니한다면
이것이 어찌 전무출신의 본분이라 할 것이며,

교단품

또한 그러한 마음을 가지고 어찌 만생을 널리 건지는 큰 일꾼 되기를 기약하리요.]
하시고

대종사님께서 제자의 잘못을 깨우쳐주고 바로잡아주기 위해서 애쓰시는 모습이
역력한 대목입니다.
스승의 명을 어기는 것은 '전무출신의 본분'이 아니라고 알려주십니다.
제자가 생각하는 '교무의 위신'은 '전무출신의 본분'을 잘못 이해한 것입니다.
대종사님이 생각하시는 '교무', '전무출신'은 '만생을 널리 건지는 큰 일꾼'입니다.
'만생을 널리 건지는' 일이라면 어떤 일도 마다하지 않아야 할 사람입니다.
대종사님과 제자 사이에 전무출신의 본분에 대한 인식 차이가 큽니다.

[그러한 정신을 놓지 못하겠거든 차라리 사가로 돌아가라.]하시며
엄중히 경책하시는지라,

이렇게 엄한 경책은 「교단품」7장에서도 행해진 바 있습니다.
'내가 남을 위하는 전무출신인가 남에게 위함을 바라는 전무출신인가를 잘 살펴서, 남을 위하는 전무출신이면 그대로 꾸준히 진행하려니와, 만일 남에게 위함을 바라는 전무출신이어든 바로 그 정신을 고치든지, 그 정신이 끝내 고쳐지지 못하거든 차라리 사가로 돌아가서 당초에 원하지 아니한 큰 죄업이 앞에 쌓이지 않도록 하라.'
'전무출신의 본분'을 망각하지 않도록 하기 위한 엄한 방편인 셈입니다.

완철이 잘못을 사죄하고 그 후로는 위신을 생각하여
허식하는 일이 없는 공부를 계속하니라.

다행이 제자가 사죄를 하고 실다운 공부를 하게 되니 은혜로운 결말입니다.
구전에 의하면 대종사님은 감원 한 명을 조선 총독과도 바꾸지 않겠다고 할 만큼
제자들과 전무출신들을 귀하게 여기셨답니다.
제자들이 온갖 고생을 하면서도 대종사님을 모시고 신앙과 수행에 매진할 수 있었던

것은 아마도 스승님의 이 같은 제자 사랑과 존중이 큰 몫을 했다고 추측됩니다.
하지만 대종사님의 대자대비는 가끔 '엄책'으로도 표현되곤 했습니다.
이 법문에서 대종사님의 엄책은 '대자대비로 일체 생령을 제도하되 만능이 겸비하며, 천만 방편으로 수기응변하여 교화하되 대의에 어긋남이 없고 교화받는 사람으로서 그 방편을 알지 못하게 하며'라는 「법위등급」'대각여래위' 조항과 일맥상통하는 심신작용이라고 생각합니다.

나의 마음공부

• 내가 제자 이완철의 처지였다면 인부들 앞에서 기꺼이 짐을 지고 나섰을까요?

• '차라리 사가로 돌아가라'라는 대종사님의 말씀은 너무 야박한 것이 아닌가요?

• 나는 이 공부 이 사업을 하는 데 있어 '허식虛飾'하는 일이 없나요?

• 나는 교도 또는 전무출신으로서의 '본분'을 잘 알고 행하고 있나요?

한 제자 교중의 채포菜圃를 맡아 가꾸는데 많은 굼벵이를 잡게 된지라
이를 말리어 약방에 파니 적지 않은 돈이 되거늘
당시 감원監院이 그 경과를 대종사께 사뢰고
[이것은 작업 중의 가외 수입이옵고 그가 마침 옷이 없사오니
그 돈으로 옷을 한 벌 지어 주면 어떠하오리까]하니,
대종사 말씀하시기를
[그것이 비록 가외 수입이나 공중 일을 하는 중에 수입된 것이니,
공중에 들여놓음이 당연한 일이며,
또는 비록 연고 없이 한 것은 아니지마는
수많은 생명을 죽인 돈으로 그 사람의 옷을 지어 입힌다면
그 과보를 또한 어찌하리요.] 하시고,
친히 옷 한 벌을 내리시며, 말씀하시기를
[그 돈은 여러 사람이 널리 혜택을 입을 유표한 공익 사업에 활용하여
그에게 죄가 되지 않게 하라.]

『대종경』「교단품」 12장

- 채포 菜圃 : 전문적으로 채소를 심어 가꾸는 규모가 큰 밭.
- 감원 監院 : (1)교당에서 교무가 교화에 전력하도록 교당 살림을 맡아 하는 사람. 중앙총부와 규모가 큰 기관에서는 식당 운영을 맡아하는 여자 감원을 내감원이라 하고, 건물 관리 청소 등의 바깥 살림을 맡아하는 남자 감원을 외감원이라 한다. (2)사찰에서 주지를 보좌하여 절의 서무 일체를 맡아 책임 관리하는 사람을 말하며, 감사監寺·부사副寺라고도 한다.
- 가외 加外 : 일정한 기준이나 정도의 밖.
- 유표 有表하다 : 여럿 가운데 두드러진 특징이 있다.

많은 굼벵이를 잡게 된지라 | 풀이 |

한 제자 교중의 채포菜圃를 맡아 가꾸는데 많은 굼벵이를 잡게 된지라
이를 말리어 약방에 파니 적지 않은 돈이 되거늘
당시 감원監院이 그 경과를 대종사께 사뢰고
[이것은 작업 중의 가외 수입이옵고 그가 마침 옷이 없사오니
그 돈으로 옷을 한 벌 지어 주면 어떠하오리까]하니,

교단사 추진 중 얻게 된 가외 수입의 처리 문제에 대해 제자가 대종사님께
문답·감정을 받습니다.
이런 장면을 그저 범상한 일로 볼 수 있지만 수행법 중 '상시훈련법'의 관점에서
보면 제자가 매우 훌륭한 상시훈련을 한 것으로 보아야 합니다.
『정전』「상시 훈련법」중 '교당 내왕시 주의 사항'은
"1. 상시 응용 주의 사항으로 공부하는 중 어느 때든지 교당에 오고 보면 그 지낸
   일을 일일이 문답하는 데 주의할 것이요,
2. 어떠한 사항에 감각된 일이 있고 보면 그 감각된 바를 보고하여 지도인의 감정
   얻기를 주의할 것이요,
3. 어떠한 사항에 특별히 의심나는 일이 있고 보면 그 의심된 바를 제출하여
   지도인에게 해오解悟 얻기를 주의할 것이요, (하략)"라고 규정하고 있습니다.

본 법문은 이런 상시 훈련의 좋은 사례라고 할 수 있습니다.
제자(감원)는 스승님께 '지낸 일을 일일이 문답하는 데 주의'하고 있으며,
자신이 하려는 일에 대해 '지도인의 감정 얻기를 주의'한 셈입니다.
혹시라도 굼벵이를 처분해서 얻은 돈으로 자기 맘대로 옷을 사버렸다면
사후 보고가 되어서 일을 바로잡고 공부할 기회를 놓쳤을 것입니다.
이런 문답을 통해서 감원은 일도 바로잡고 지혜도 얻게 되었으니

상시 훈련의 공덕을 톡톡히 얻은 셈입니다.

대종사 말씀하시기를
[그것이 비록 가외 수입이나 공중 일을 하는 중에 수입된 것이니,
공중에 들여놓음이 당연한 일이며,
또는 비록 연고 없이 한 것은 아니지마는
수많은 생명을 죽인 돈으로 그 사람의 옷을 지어 입힌다면
그 과보를 또한 어찌하리요.] 하시고,

제자는 사회 통념으로 취사의 의견을 내지만,
대종사님은 다른 기준으로 응답하십니다.
첫째, 그 가외 수입이 '공중 일'에서 파생된 것이니 개인 소유로 함은 맞지 않다.
선공후사, 무아봉공의 관점으로 대소유무 시비이해를 판단하십니다.
둘째, 공중사라는 연고가 있긴 했지만 굼벵이들을 살생한 '과보'를 고려한다면
그 사람에게 옷을 지어 입히는 것은 그 과보를 받게 하는 것이 된다.
이 두 가지 관점에서 제자의 의견에 반대하십니다.

친히 옷 한 벌을 내리시며, 말씀하시기를
[그 돈은 여러 사람이 널리 혜택을 입을 유표한 공익 사업에 활용하여
그에게 죄가 되지 않게 하라.]

그다음 대종사님은 어떤 취사를 하셨을까요?
우선 '친히 옷 한 벌을 내리'셨습니다.
공금이 아니라 대종사님이 개인 부담으로 옷을 마련해주신 것입니다.
결국 그 제자가 교단과 공중에 빚지지 않도록 취사하신 것입니다.
가외 수입을 올린 제자에게 일종의 보상도 된 셈입니다.

그리고 굼벵이를 판 수익금을 명분 있는 공익 사업에 활용하도록 하십니다.

이 역시 과보의 대상을 '공(空)'으로 돌리시는 취사입니다.
대종사님의 취사를 이해할 수 있는 참고 법문을 소개합니다.

"대종사 말씀하시기를 [옛날 어떤 선사는 제자도 많고 시주도 많아서 그 생활이 퍽 유족하였건마는, 과실 나무 몇 주를 따로 심어 놓고 손수 그것을 가꾸어 그 수입으로 상좌 하나를 따로 먹여 살리는지라, 모든 제자들이 그 이유를 물었더니, 선사가 대답하기를 "그로 말하면 과거에도 지은 바가 없고 금생에도 남에게 유익 줄 만한 인물이 되지 못하거늘, 그에게 중인의 복을 비는 전곡을 먹이는 것은 그 빚을 훨씬 더하게 하는 일이라, 저는 한 세상 얻어 먹은 것이 갚을 때에는 여러 세상 우마의 고를 겪게 될 것이므로, 나는 사제의 정의에 그의 빚을 적게 해주기 위하여 이와 같이 여가에 따로 벌어 먹이노라" 하였다 하니, 선사의 그 처사는 대중 생활하는 사람에게 큰 법문이라, 그대들은 이 말을 범연히 듣지 말고 정신으로나 육신으로나 물질로나 남을 위하여 그만큼 일하는 바가 있다면 중인의 보시 받은 것을 먹어도 무방하려니와, 만일 제 일 밖에 못 하는 사람으로서 중인의 보시를 받아먹는다면 그는 큰 빚을 지는 사람이라, 반드시 여러 세상의 노고를 각오하여야 하리라. 그러나, 대개 남을 위하는 사람은 오히려 보시 받기를 싫어하고 제 일밖에 못하는 사람이 도리어 보시 받기를 좋아하나니, 그대들은 날로 살피고 때로 살피어 대중에게 큰 빚을 지는 사람이 되지 아니하도록 조심하고 또 조심할지어다." – 「인과품」 28장

이 법문에서 선사가 '과실 나무 몇 주를 따로 심어 놓고 손수 그것을 가꾸어
그 수입으로 상좌 하나를 따로 먹여 살리는' 것이나,
여기 「교단품」 12징 법문에서 내종사님이 '친히 옷 한 벌을 내리시는' 취사의
이유와 목적이 동일합니다.
세속의 관점에서 제자를 사랑하는 방법과
도가에서 진리를 깨달은 스승님이 제자를 사랑하고 불공하는 법은 이렇게 다릅니다.
제자의 영생까지 내다보면서 인과의 이치에 따라 사사불공을 하시기 때문입니다.

나의 마음공부

• 교단 일을 하다가 내가 잘해서 가외 수입이 생긴다면 나는 어떻게 처리할까요?

• 교단 일을 하다가 '굼벵이'를 살생하는 일과 같이 과보 받을 일을 해야 할 때, 나는 어떻게 해야 할까요?

• 교단 일을 해서 얻게 되는 개인적 보상이 있다면 그것을 어떻게 수용해야 할까요?

• 나는 '무아봉공無我奉公'을 잘하고 있나요?

13

한 제자 교중의 과원(果園)을 맡음에
매양 소독과 제충(除虫)등으로 수많은 살생을 하게 되는지라,
마음에 불안하여 그 사유를 대종사께 사뢰니,
대종사 말씀하시기를
[과보는 조금도 두려워 말고 사심 없이 공사에만 전력하라.
그러하면, 과보가 네게 돌아오지 아니하리라.
그러나,
만일 이 일을 하는 가운데
조금이라도 사리(私利)를 취함이 있다면
그 과보를 또한 면하지 못할 것이니 각별히 조심하라.]

『대종경』「교단품」13장

• **제충 除虫** : 약품 따위로 해충이나 기생충 따위를 없앰.

사심 없이 공사에만 전력하라 　|풀이|

한 제자 교중의 과원果園을 맡음에
매양 소독과 제충除虫등으로 수많은 살생을 하게 되는지라,
마음에 불안하여 그 사유를 대종사께 사뢰니,

이 법문은 「교단품」12장의 내용과 매우 비슷합니다.
제자가 농사를 짓다가 살생을 하게 되는 경계를 당한 이야기입니다.
불가의 첫 번째 계문이 불살생이니 마음이 불안하지 않을 수 없었을 것입니다.
대종사님께 감정鑑定을 구합니다.

대종사 말씀하시기를
[과보는 조금도 두려워 말고 사심 없이 공사에만 전력하라.
그러하면, 과보가 네게 돌아오지 아니하리라.

의외로 대종사님은 벌레를 살생하는 것에 대해 '조금도 두려워 말'라고 하십니다.
'사심 없이 공사에만 전력하라'고 주문하십니다.
살생으로 인한 과보도 받지 않을 것이라고 안심시켜 주십니다.
지은 대로 받는다는 인과의 이치와 상충하는 법문 같기도 합니다.

그러나,
만일 이 일을 하는 가운데
조금이라도 사리私利를 취함이 있다면
그 과보를 또한 면하지 못할 것이니 각별히 조심하라.]

대종사님은 과보를 면하기 위한 전제 조건을 명시하십니다.

'조금이라도 사리를 취함'이 없어야 한다고.
조금이라도 사심이 있다면 과보를 면할 수 없다고 경계하십니다.

대종사님께서는 수행자들을 위해 「30계문」을 내어주셨고
그 첫 번째 계문이 '살생'을 금하는 내용입니다만,
정확하게는 '연고 없이 살생을 말며' 입니다.
여기서 '연고緣故'란 『원불교대사전』에 의하면 '사유事由. 까닭. 그럴 수도 있다고 객관적으로 인정되는 까닭. 원불교의 계문에는 당연히 지켜야 하지만 부득이한 경우에 예외로 인정하는 연고라는 말을 사용한다.'라고 풀이됩니다.
이 법문의 사례와 같이 농사하면서 살생을 완전히 하지 않을 수는 없습니다.
이같은 경우는 '연고 있는 살생'이라고 할 수 있습니다.
계문도 인과의 이치에 바탕해서 정해진 것이니 계문을 자세히 살펴보면
그 안에 숨겨진 인과의 이치를 발견할 수 있습니다.
이 법문의 내용을 인과의 관점에서 보자면
'사심 없이 공사에만 전력'하고, '조금이라도 사리私利를 취함'이 없다면
살충의 과보가 개인에게 미칠 일이 없는 것입니다.
'사심'도 없고, '사리'도 취하지 않았기 때문입니다.
업을 짓는 사심이 비었기 때문에 개인적인 업에서 벗어날 수 있는 것입니다.
온전히 '무아봉공'을 하면 상극의 과보에서 벗어날 것이고,
순수한 공적 목적을 위해 노력한 상생의 과보는 그대로 받을 것입니다.
공사로 인한 과보는 교단이 공적으로 받을 것입니다.
지은 대로 받는 것이 인과의 이치이기 때문입니다.
공사公事를 하는 사람의 마음가짐과 태도에 보감이 되는 법문입니다.

본 법문과 관련해서 정산 종사님의 다음 법문도 좋은 참고가 됩니다.
"김홍철金洪哲이 묻기를 [공을 위하여 상극의 업을 지으면 그 과보가 어떻게 되나이까.]
답하시기를 [사적으로 상극의 과보는 면할 수 없으나 그 일로 인하여 공중에 큰 공덕이 되었다면 그 공덕으로 인하여 크게 진급이 되므로 그 과가 경하게 받아지나니라.] 또

말씀하시기를 [인과가 무서워서 옳은 일을 못하는 사람은 인과를 모르는 사람만 못하나니라.]" - 『정사종사법어』「원리편」51장

나의 마음공부

• 나도 이 법문의 제자와 같은 경험을 해보았나요?

• 공사로 부득이 미물 곤충들을 살생해야 할 때 마음가짐을 어떻게 해야 할까요?

- 나는 언제 어떻게 '사심 없이 공사에만 전력'한 경험이 있나요?

- 나는 '사심 없이 공사에만 전력'하면 그 상극의 과보가 내게 돌아오지 않는다는 확신이나 깨달음이 있나요?

한 제자 총부 부근에 살며
교중의 땔나무 등 소소한 물건을 사가로 가져가는지라,
대종사 말씀하시기를
[아무리 교중 살림이 어렵더라도
나무 몇 조각 못 몇 개로 큰 영향이 있을 것은 아니나,
여러 사람의 정성으로 모여진 물건을 정당하지 못하게 사사로이 소유하면
너의 장래에 우연한 재앙이 미쳐 그 몇 배의 손해를 당할 것이므로,
내가 그것을 예방하기 위하여 미리 경계하노라.]

『대종경』「교단품」14장

정당하지 못하게 사사로이 소유하면 | 풀이 |

한 제자 총부 부근에 살며
교중의 땔나무 등 소소한 물건을 사가로 가져가는지라,

공사 구분을 잘하는 사람도 '소소한 물건'에 대해서는 경계심을 늦출 수 있습니다.
소태산 대종사님께서 교중의 소소한 물건을 사적으로 이용하는 제자에게 경계의
말씀을 해주십니다.

대종사 말씀하시기를
[아무리 교중 살림이 어렵더라도
나무 몇 조각 못 몇 개로 큰 영향이 있을 것은 아니나,

현실적인 관점에서 보자면 별일이 아닐 수 있음을 인정하십니다만,
이어지는 말씀이 이 법문의 핵심입니다.

여러 사람의 정성으로 모여진 물건을 정당하지 못하게 사사로이 소유하면
너의 장래에 우연한 재앙이 미쳐 그 몇 배의 손해를 당할 것이므로,
내가 그것을 예방하기 위하여 미리 경계하노라.]

'소소한 물건'들의 내역을 보면 '여러 사람의 정성으로 모여진 물건'인 것입니다.
개인 소유의 물건과 공물公物의 차이를 알려주십니다.
'정당하지 못하게'의 의미는 공의를 거치지 않고 정당한 대가를 지불하지 않거나,
공짜라고 여기거나, 훔치려는 마음으로 가져감을 의미합니다.
'사사로이 소유'한다는 것은 사유화해선 안되는 것을 사유화한다는 것을 의미합니다.
이런 경우 그 결과는 인과의 이치에 의해서 개인이 과보를 받게 되는데,

개인 물건이 아니라 공물인 '교중 살림'을 부당하게 사유화했으니
과보로 '장래에 우연한 재앙'을 받게 되고,
'몇 배의 손해를 당할 것'이라고 경고하십니다.
요컨대, 호리도 틀림이 없는 인과의 이치를 깨달아야 소탐대실의 과오를 방지해서 장래의 재앙을 예방할 수 있습니다.

나의 마음공부

- '소소한 물건'이라고 할 때 '소소한'의 기준은 무엇이 될까요?

- 나는 법문의 '한 제자' 같이 교중 물건을 사가로 가져온 적이 없나요?

- 나는 공과 사를 잘 구분해서 생활하고 있나요?

- 왜 사람들은 공공의 물건을 '정당하지 못하게 사사로이 소유'하려고 할까요?

- 교중 살림을 사사로이 소유한 사람의 과보를 잘 알고 있나요?

15

대종사 물으시기를
[전무출신이 사가私家 일에 끌리지 아니하고 공사에만 전력하게 하기 위하여,
곤궁한 사가는 교단에서 보조하는 제도를 두면 어떠하겠는가.]
전음광이 사뢰기를
[앞으로 반드시 그러한 제도가 서야 될 줄 아나이다.]
또 물으시기를
[그러한 제도가 아직 서지 못한 때에
전무출신의 사가 형편이 아주 곤란한 처지에 이르러서
이를 돌보지 않을 수 없게 되면 어찌하는 것이 좋겠는가.]
서대원이 사뢰기를
[만일, 보통 임원이면 적당한 기간을 주어 사가를 돌본 후 돌아오게 하옵고,
중요한 인물이면 회의의 결정을 얻어
임시로라도 교중에서 보조하는 길을 취하게 함이 좋을 듯하나이다.]
또 물으시기를
[앞으로 그러한 제도가 시행될 때에
혹 보조를 바라는 사람이 많게 되면 어찌 하여야 하겠는가.]
유허일이 사뢰기를
[그러한 폐단을 막기 위하여 일반 전무출신의 사가 생활을 지도하고 보살피는 기관이
총부 안에 서야 하겠나이다.]

대종사 말씀하시기를
[세 사람의 말이 다 좋으니 앞으로 차차 그러한 제도를 세워서 활용해 보되,
교중의 형편이 아직 그렇게 되지 못하는 때에는
기관을 적게 벌여서라도
현직에 있는 전무출신으로서 사가 일에 마음 빼앗기는 일이 없도록 하라.]

『대종경』「교단품」15장

기관을 적게 벌여서라도 | 풀이 |

대종사 물으시기를
[전무출신이 사가私家 일에 끌리지 아니하고 공사에만 전력하게 하기 위하여,
곤궁한 사가는 교단에서 보조하는 제도를 두면 어떠하겠는가.]

공사에 전력하려고 출가를 하지만 사가에 신경 쓰이는 경우가 적지 않습니다.
사가의 경제적 어려움이나 가족들의 병고 등 다양한 사정이 있을 수 있습니다.
본 법문에서는 '곤궁한 사가'를 특정해서 예로 들고 있습니다.
초창기 교단에서 흔하게 발생했던 일입니다.
이런 경우에 사가로 돌아가서 문제를 해결하고 다시 돌아오는 일도 흔했습니다.
소태산 대종사님은 교단 운영 책임자로서 가정 형편이 어려운 전무출신들을 위해서
제도적 보완책이 필요했던 것입니다.

전음광이 사뢰기를
[앞으로 반드시 그러한 제도가 서야 될 줄 아나이다.]
또 물으시기를
[그러한 제도가 아직 서지 못한 때에
전무출신의 사가 형편이 아주 곤란한 처지에 이르러서
이를 돌보지 않을 수 없게 되면 어찌하는 것이 좋겠는가.]
서대원이 사뢰기를
[만일, 보통 임원이면 적당한 기간을 주어 사가를 돌본 후 돌아오게 하옵고,
중요한 인물이면 회의의 결정을 얻어
임시로라도 교중에서 보조하는 길을 취하게 함이 좋을 듯하나이다.]
또 물으시기를
[앞으로 그러한 제도가 시행될 때에

혹 보조를 바라는 사람이 많게 되면 어찌 하여야 하겠는가.]
유허일이 사뢰기를
[그러한 폐단을 막기 위하여 일반 전무출신의 사가 생활을 지도하고 보살피는 기관이 총부 안에 서야 하겠나이다.]

대종사님은 제자들로부터 좋은 의견 제안이 나오도록 촉진하십니다.
마치 산파술과 같이 제자들이 스스로 답을 찾을 수 있도록 하십니다.
그리고 제자들의 의견들을 모두 타당하다고 평가하고 통합 활용하고자 하십니다.

대종사 말씀하시기를
[세 사람의 말이 다 좋으니 앞으로 차차 그러한 제도를 세워서 활용해 보되,
교중의 형편이 아직 그렇게 되지 못하는 때에는
기관을 적게 벌여서라도
현직에 있는 전무출신으로서 사가 일에 마음 빼앗기는 일이 없도록 하라.]

앞으로 교단의 역량이 갖춰지는 대로 제자들의 합리적 대안들을 실행하자고
제자들의 다양한 방안들을 수용하시지만,
당장 '교중의 형편'이 어려운 현재로선 일단 '기관을 적게 벌이'라고 명하십니다.
해결 방안을 만들기 전에 문제 자체를 줄여보자는 취지의 말씀입니다.
한정된 수의 전무출신들이 관리하기 어려울 만큼의 기관을 운영하기보다는
일부터 줄이자는 말씀입니다.
성과 위주의 대안이 아니라 전무출신 위주, 사람 위주의 방안입니다.
대종사님께서 사안을 대하는 태도, 가치관을 알 수 있는 법문입니다.
교단 운영에 있어서 반드시 참고해야 할 가르침입니다.

나의 마음공부

• 대종사님은 제자들에게 이런 질문을 왜 하셨을까요?

• 나라면 대종사님의 질문에 어떤 방안을 제안했을까요?

- 전무출신이 교단의 발전을 위해 어떤 역할과 공헌을 하고 있는지 잘 알고 있나요?

- 현재 교단은 전무출신들이 '사가 일에 마음 빼앗기는 일이 없도록' 적절하게 기관을 운영하고 있나요?

16

대종사 말씀하시기를
[우리의 전무출신제도는 가정을 이루고 공부 사업할 수도 있고,
특별한 서원으로 세상 욕심을 떠나 정남貞男·정녀貞女로 활동할 수도 있으므로,
교단에서는 각자의 발원에 따라 받아들이고 대우하는 법이 있으나,
혹 특별한 발원이 없이
어떠한 환경으로 인하거나 혹은 자기 몸 하나 편안하기 위하여
마음에는 세속 생활을 부러워하면서도 몸만 독신 생활을 한다면,
이는 자신으로나 교중으로나 세상으로나 적지 않은 손실이 될 뿐 아니라,
후생에는 인물은 좋으나 여러 사람의 놀림을 받는 몸이 되나니,
자신이 없는 일이면 스스로 미리 다시 작정하는 것이 옳을 것이요,
만일 자신하는 바가 있어서 출발하였다면
서원 그대로 굳은 마음과 고결한 지조志操로
이 사바세계를 정화시키고 일체 중생의 혜복 길을 열어 줄 것이니라.]

『대종경』「교단품」16장

- **정남 貞男·정녀 貞女** : 원불교에 출가하여 결혼하지 않고 독신으로 오직 공익사업을 위해 일생을 바친 전무출신. 소태산 대종사는 다양한 형태의 전무출신 인력을 양성한 가운데 정남·정녀에 대한 제도를 마련하고 인간의 고결성과 청순성에 대한 가치를 부여하고 있다. "우리의 전무출신제도는 가정을 이루고 공부 사업 할 수도 있고, 특별한 서원으로 세상 욕심을 떠나 정남·정녀로 활동할 수도 있으므로, 교단에서는 각자의 발원에 따라 받아들이고 대우하는 법이 있다"(『대종경』「교단품」16장)고 전제하고, '유공인 대우법'을 제정하여 시행했다. 뿐만 아니라 '정남·정녀 규정'과 '정남·정녀 규정 시행규칙', '정화단 규칙' 등을 제정하여 시행하고 있다.

정남貞男 정녀貞女 | 풀이 |

대종사 말씀하시기를
[우리의 전무출신제도는 가정을 이루고 공부 사업할 수도 있고,
특별한 서원으로 세상 욕심을 떠나 정남貞男·정녀貞女로 활동할 수도 있으므로,
교단에서는 각자의 발원에 따라 받아들이고 대우하는 법이 있으나,

소태산 대종사님은 '부처님의 무상 대도에는 변함이 없으나 부분적인 교리와 제도는 이를 혁신하여, 소수인의 불교를 대중의 불교로, 편벽된 수행을 원만한 수행으로 돌리자는 것이니라.' -「서품」16장 라며 불교 혁신을 시도하셨습니다.

'과거의 불교는 출세간 생활을 본위로 하여 교리와 제도가 조직이 되었으므로(중략),
결혼에 있어서도 출세간 공부인에게는 절대로 금하게 되었으며,(중략) 출가 공부인의 의식 생활도 각자의 처지를 따라 직업을 갖게 할 것이며, 또는 결혼도 각자의 원에 맡길 것' -「서품」18장 이라고 불교 혁신의 의지를 밝힌 바 있습니다.
즉, 대종사님은 결혼을 하는 전무출신도 가능하고, 결혼을 하지 않는 정남·정녀로서의 전무출신도 가능하도록 제도의 문호를 모두 열어주셨습니다.
이런 제도가 합리적인 제도라고 판단하셨기 때문입니다.
현재 시점에서는 별다른 이견 없이 받아들일 만한 제도라고 할 수 있지만,
이 당시 불교의 제도나 전통으로 볼 때는 매우 파격적인 제도인 셈입니다.

혹 특별한 발원이 없이
어떠한 환경으로 인하거나 혹은 자기 몸 하나 편안하기 위하여
마음에는 세속 생활을 부러워하면서도 몸만 독신 생활을 한다면,

하지만 정남·정녀들의 삶이 독선기신獨善其身의 소승적 삶에 그치지 않도록 경계하십니다.

교단품

번다한 가정사나 생업의 부담이나 사회적 책무 들에서 벗어나서 '편안'함을 추구하거나, '마음에는 세속 생활을 부러워하'면서 정남·정녀를 지속하는 허울뿐인 삶을 경계하십니다.

이는 자신으로나 교중으로나 세상으로나 적지 않은 손실이 될 뿐 아니라,

마음과 행동이 서로 다른 삶이 행복할 리가 없고,
그런 삶으로는 교단에 온전한 보은을 할 수도 없습니다.
결국 '자신'도 손해요 '세상'에도 손실이 될 것입니다.
마음이 빠진 행동으로 법신불 사은의 감응을 얻을 수 없습니다.

후생에는 인물은 좋으나 여러 사람의 놀림을 받는 몸이 되나니,

표리부동表裏不同한 정남·정녀의 삶은 소소영령한 인과의 이치에 따라
과보를 받게 될 것입니다.
누구라도 예외 없는 것이 인과의 이치이기 때문입니다.
몸으로만 복을 지었으니 후생에 '인물은 좋은' 과보를 받을 것이며,
마음이 빠진 채 형식적으로 살았으니 '여러 사람의 놀림'을 받게 될 것입니다.

자신이 없는 일이면 스스로 미리 다시 작정하는 것이 옳을 것이요,
만일 자신하는 바가 있어서 출발하였다면
서원 그대로 굳은 마음과 고결한 지조志操로
이 사바세계를 정화시키고 일체 중생의 혜복 길을 열어 줄 것이니라.]

대종사님께서는 정남·정녀를 하는 것은 각자의 마음에 달린 것이니
자신이 없다면 다른 길을 택해도 된다고 원만한 길을 열어주십니다.
본인의 마음가짐과 선택이 중요한 것입니다.
하지만 이왕 정남·정녀로 서원을 세웠다면 마음을 챙겨서 일관되게 실행해서

본래의 목적을 달성하라고 독려하십시오.
그 목적은 '사바세계를 정화'하는 것이고,
'일체 중생의 혜복 길을 열어' 주는 것입니다.

교단의 여러 가지 제도는 교단의 목적을 달성하기 위한 방편일 뿐입니다.
교단의 목적이 '주'라면 여러 '제도'는 '종' 입니다.
정남·정녀 제도 역시 마찬가지입니다.
주종이 바뀌지 않아야 합니다.
제도의 존재 이유, 목적이 무엇인지를 유념해야 합니다.

나의 마음공부

• 정남·정녀 제도가 필요한 이유는 무엇일까요?

• '가정을 이루고 공부 사업' 할 수도 있게 제도의 문호를 개방한 이유는 무엇일까요?

• 불교, 기독교 등의 출가교역자 제도와 비교해봅니다.

• 정남·정녀를 서원했다가 중도에 변심을 하는 경우에는 어떻게 하는 것이 좋을까요?

대종사 정남·정녀들을 자주 알뜰히 살펴 주시며, 말씀하시기를
[그대들이 한 생 동안만 재·색·명리를 놓고
세상과 교단을 위하여 고결하고 오롯하게 활동하고 가더라도,
저 세속에서 한 가정을 위하여 몇 생을 살고 간 것에 비길 바가 아니니,
한 생의 공덕으로 많은 세상에 무루의 복락과 명예를 얻을 것이요,
결국 성불의 대과大果를 증득하게 될 것이나,
만일 형식만 정남·정녀요 특별한 보람 없이 살고 간다면
이는 또한 허망한 일이라,
참으로 정신차려 공부하라.]

『대종경』「교단품」17장

참으로 정신차려 공부하라 | 풀이 |

대종사 정남·정녀들을 자주 알뜰히 살펴 주시며, 말씀하시기를

직전의 「교단품」 16장과 같이 정남·정녀에 대한 법문입니다.
그들을 '자주 알뜰이 살펴주시'는 이유는 그들을 편애하기 때문이 아니라
그들이 가정의 지원 없이 독신으로 교단에 헌신하고 있어서
교단이 그들을 보살펴야 할 책임이 더 크기 때문이라고 할 수 있습니다.
그들을 책임져야 할 입장의 대종사님으로선 여러 면에서 마음이 쓰이셨을 것입니다.

[그대들이 한 생 동안만 재·색·명리를 놓고
세상과 교단을 위하여 고결하고 오롯하게 활동하고 가더라도,
저 세속에서 한 가정을 위하여 몇 생을 살고 간 것에 비길 바가 아니니,
한 생의 공덕으로 많은 세상에 무루의 복락과 명예를 얻을 것이요,
결국 성불의 대과大果를 증득하게 될 것이나,

대종사님은 '한 가정'을 위해서 사는 것과 '세상과 교단'을 위해서
'고결하고 오롯하게' 사는 것의 인과적 차이를 말씀하십니다.
'비길 바가 아니'라고 그 차이의 크기를 말씀하십니다.
정남·정녀로서 재·색·명리를 멀리하고 오롯이 무아봉공한다면
'한 생의 공덕으로 많은 세상에 무루의 복락과 명예를 얻을 것'이라고 확언하십니다.
어려운 만큼 그 과보가 은혜로울 것임을 알려주십니다.
또한 공부인의 궁극의 목표인 '성불의 대과를 증득'할 것이라고 설하십니다.
상식적으로 생각해도 결혼해서 출산하고 육아하며 가정 경제를 돌봐야 하는 삶과,
이런 부담 없이 이 공부 이 사업에 몰입하기 쉬운 삶의 차이는 클 수밖에 없습니다.
시작 단계에서는 어쩌면 작다고 할 수 있는 차이가

나중에 훨씬 큰 과보의 차이로 돌아온다는 것을 대종사님께서 알려주십니다.
정남·정녀의 서원을 세우는 데 큰 힘이 되는 법문입니다.

만일 형식만 정남·정녀요 특별한 보람 없이 살고 간다면
이는 또한 허망한 일이라,
참으로 정신차려 공부하라.]

하지만 그 반대로 '형식만 정남·정녀'로 살아간다면
그에 상응한 '허망한' 과보를 받을 것임을 크게 경계하십니다.
정남·정녀를 서원하는 것도 중요하지만
'참으로 정신차려 공부' 해야 '특별한 보람'이 있을 것이라고 말씀하십니다.
인과의 이치에 바탕한 말씀으로 「실시품」16장과 같은 가르침입니다.
대종사님의 정남·정녀에 대한 큰 기대를 엿볼 수 있습니다.

나의 마음공부

- '재·색·명리'를 놓는 것이 어느 정도나 어려운지 알고 있나요?

- '세상과 교단을 위하여 고결하고 오롯하게 활동'한다는 의미는 무엇일까요?

- 나는 '세상과 교단을 위하여 고결하고 오롯하게 활동'해보았나요?

- 그런 '한 생의 공덕'으로 '많은 세상에 무루의 복락과 명예를 얻는' 이유가 무엇일까요?

18

대종사 말씀하시기를
[전무출신 서원서를 낼 때에는 오직 깊이 생각해야 할 것이니,
만일 몸과 마음을 이 공부 이 사업에 오로지 바치며 성불제중을 하겠다고
허공 법계와 대중의 앞에 맹세하고,
중도에 마음이 변하여 개인의 사업이나 향락에 떨어진다면,
이는 곧 천지를 속임이 되므로 진리가 용서하지 아니하여,
결국 그 앞길이 막힐 것이요,

또는 대중을 지도하는 처지에 서게 되면 더욱 깊이 생각하는 바가 있어야 하나니,
혹 대각大覺을 하지 못하고 대각을 하였다 하여,
모든 사람의 전도를 그릇 인도한다면
이는 곧 진리를 속임이 되므로 또한 악도를 면하기 어렵나니라.]

『대종경』「교단품」 18장

전무출신 서원서를 낼 때 | 풀이 |

대종사 말씀하시기를
[전무출신 서원서를 낼 때에는 오직 깊이 생각해야 할 것이니,
만일 몸과 마음을 이 공부 이 사업에 오로지 바치며 성불제중을 하겠다고
허공 법계와 대중의 앞에 맹세하고,
중도에 마음이 변하여 개인의 사업이나 향락에 떨어진다면,
이는 곧 천지를 속임이 되므로 진리가 용서하지 아니하여,
결국 그 앞길이 막힐 것이요,

전무출신 서원서는 몇 장의 서류에 불과합니다.
하지만 심신을 바쳐서 전무출신으로서 평생 헌신하겠다는 내용을 생각해보면
아무나 쉽게 쓸 수 있는 서식이 아닙니다.
소태산 대종사님께서 '오직 깊이 생각해야' 한다고 말씀하시는 이유입니다.
결정에 신중해야 하고 그 실행에 삶 전체를 걸어야 하는 막중한 일입니다.

대종사님은 전무출신 서원의 고귀함과 이를 어겼을 때의 과보를 말씀해주십니다.
'허공 법계와 대중의 앞에 맹세'한 바를 반드시 지켜야 함을 강조하십니다.
어겼을 경우의 과보를 너무나 잘 아시기 때문입니다.
'진리가 용서하지 아니하여 결국 그 앞길이 막힐 것'이라고 경고하십니다.
'허공 법계와 대중'과 '진리'가 따로 있는 것이 아니라 하나라고 할 수 있으며,
'법신불 사은'이라고 할 수 있습니다.
'법신불 사은'에 지은대로 '법신불 사은'으로부터 과보를 받는 것입니다.
대종사님께서 특별한 말씀을 하시는 것이 아니라,
인과보응의 이치를 전무출신의 삶에 적용해서 일반적인 가르침을 주시는 것입니다.

또는 대중을 지도하는 처지에 서게 되면 더욱 깊이 생각하는 바가 있어야 하나니,

혹 대각大覺을 하지 못하고 대각을 하였다 하여,

모든 사람의 전도를 그릇 인도한다면

이는 곧 진리를 속임이 되므로 또한 악도를 면하기 어렵나니라.]

특히 '대각'을 했다고 대중을 속이고 지도한다면
'악도를 면하기 어려'우니 '더욱 깊이 생각'해야 한다고 경고하십니다.
전무출신은 지도인으로서 '대중'을 '지도'하는 역할을 하게 되기 때문에
그 영향과 과보가 자신이나 몇몇 개인에 그치지 않습니다.
'모든 사람의 전도를 그릇 인도'한 과보를 받게 됩니다.

대종사님께서 '우리가 시작하는 이 사업은 보통 사람이 다 하는 바가 아니며 보통 사람이 다 하지 못하는 바를 하기로 하면 반드시 특별한 인내와 특별한 노력이 있어야 할 것인 바' - 「서품」7장 라고 9인 제자들에게 말씀하신 내용과 일맥상통하는 법문입니다.
특별한 서원에는 거기에 맞는 특별한 노력과 정성이 반드시 이어져야 합니다.
특별한 서원에 따라 그 과보 역시 특별할 것입니다.

나의 마음공부

• 법문 내용 중 '진리가 용서하지 않는' 이유는 무엇일까요?

• '대각'을 했다고 대중을 속이는 사람들의 말로를 본 적이 있나요?

• 나는 혹시 '이 공부 이 사업'에 대한 크고 작은 맹세를 하고 어긴 적은 없나요?

• 서원한 대로 실행하며 살아가려면 어떻게 해야 할까요?

대종사 여러 제자에게 말씀하시기를
[우리들의 일이 마치 저 기러기 떼의 일과 같으니,
시절 인연을 따라 인연 있는 동지가
혹은 동에 혹은 서에 교화의 판을 벌이는 것이
저 기러기들이 철을 따라 떼를 지어
혹은 남에 혹은 북에 깃들일 곳을 벌이는 것과 같도다.
그러나, 기러기가 두목 기러기의 인솔하는 대열에서 벗어나든지
또는 따라가면서도 조심을 하지 못하고 보면
그물에 걸리거나 총알에 맞아 목숨을 상하기 쉽나니,
수도하고 교화하는 사람들에게 그물과 총알이 되는 것은
곧 재와 색의 경계니라.]

『대종경』「교단품」19장

기러기 떼 | 풀이 |

대종사 여러 제자에게 말씀하시기를
[우리들의 일이 마치 저 기러기 떼의 일과 같으니,
시절 인연을 따라 인연 있는 동지가
혹은 동에 혹은 서에 교화의 판을 벌이는 것이
저 기러기들이 철을 따라 떼를 지어
혹은 남에 혹은 북에 깃들일 곳을 벌이는 것과 같도다.

스승과 제자, 전무출신과 일반 재가 교도, 선배와 후배의 관계로
한 교단을 이뤄서 '개교의 동기' 실현을 위해 하나로 뭉쳐서 살아가는 모습을
소태산 대종사님께서는 '기러기 떼'로 비유하십니다.
또한 이들과 함께 '교화의 판'인 교단과 회상을 여는 것은
기러기들이 '깃들일 곳'을 벌이는 것에 비유하십니다.
참고로 대종사님은 '내가 다생 겁래로 많은 회상을 열어 왔으나 이 회상이 가장
판이 크므로' - 「부촉품」10장 라고 말씀하신 바 있으니,
비유에 의하자면 '기러기 떼'들이 '다생 겁래'에 걸쳐 동행했다고 볼 수 있습니다.

그러나, 기러기가 두목 기러기의 인솔하는 대열에서 벗어나든지
또는 따라가면서도 조심을 하지 못하고 보면
그물에 걸리거나 총알에 맞아 목숨을 상하기 쉽나니,

'두목 기러기'는 '지도인'을 의미하고
이를 따르는 기러기들은 제자들을 의미합니다.
대종사님과 제자들을 기러기에 비유하시어 교훈을 주십니다.
첫째, '대열에서 벗어나'지 말라고 당부하십니다.

둘째, '두목 기러기가 인솔하는 대열'을 '따라가면서도', '조심'하라고 주의를 주십니다.
셋째, '조심하지 못'하면, '그물'에 걸리거나 '총알'을 맞을 수 있다고 경고하십니다.

수도하고 교화하는 사람들에게 그물과 총알이 되는 것은
곧 재와 색의 경계니라.]

기러기들에게 치명적인 위험이 되는 '그물과 총알'이란
수도인과 교화자에게 '재'와 '색'의 경계를 의미한다고 알려주십니다.
어느 단체나 조직이든지 재와 색의 경계를 조심해야 하지만
특히 종교 단체의 경우에는 더 엄격해야 할 필요가 있음을 설하십니다.
어느 시대나 도덕적 해이는 재와 색 경계에서 비롯되곤 합니다.
어려운 시기에 새로운 교단을 건설하는 대종사님의 걱정이 느껴지는 법문입니다.
제자들이 조심하고 유념해야 교단의 앞날을 기약할 수 있습니다.

나의 마음공부

- 나는 지금 '두목 기러기'가 인도하는 곳으로 잘 가고 있는 기러기인가요?

- 나는 '대열'을 잘 따라가는 기러기인가요?

- 나는 '그물'(재물 경계)을 잘 피해가는 기러기인가요?

- 나는 '총알'(색 경계)을 잘 피해가는 기러기인가요?

20

대종사 말씀하시기를
[용맹이 뛰어난 사자나 범도
극히 미미한 비루가 몸에 퍼지면 필경 살지 못하게 되는 것 같이,
큰 뜻을 세우고 공부하는 사람도
극히 미미한 마음 경계 몇 가지가 비루가 되어
그 발원을 막고 평생사를 그르치게 하나니,
그러므로 공부인은 마음 비루가 오르지 않도록 늘 경계하고 살펴야 하나니라.

이제 그 마음 비루 몇 가지를 들어 보자면,
첫째는 여러 사람을 가르치는 공석公席에서 지도인이 어떠한 주의를 시키면
유독 자기만 들으라고 하였다 하여 섭섭하게 아는 일이요,
둘째는 공부하러 온 본의를 잊어버리고
공연히 자기 집에서나 받던 대우를 도량에서 구하는 일이요,
셋째는 자기의 앞길을 위하여 충고를 하면 사실이야 어떻든지
보감을 삼지는 아니하고 이 사람 저 사람에게 대질하며
또는 말해 준 사람을 원수같이 아는 일이요,
넷째는 지위와 신용이 드러남을 따라서 자존심이 점점 커나는 일이요,
다섯째는 대중 가운데서 항상 자기만 생각하여 달라 하고
자기만 편하려고 하는 일이요,

여섯째는 자기의 마음과 말은 조심하지 못하면서
지도인이나 동지들이 통정하여 주지 않는다고 원망하는 일이요,
일곱째는 생각해 줄수록 더욱 만족히 알지 아니하고
전에 없던 버릇이 생기는 일이라
이 모든 조건이 비록 큰 악은 아니나
능히 공부인의 정진심을 방해하는 비루가 되나니
그대들은 이 점에 크게 주의하라.]

『대종경』「교단품」 20장

- 비루 : 개·나귀·말 등의 피부에 생기는 병. 온몸에 점점 번지며 털이 빠짐. 원불교에서는 이 비루를 마음공부를 그르치게 하는 마음 비루에 비유하여 사용했다.
- 통정通情 : 서로 마음을 주고받음. 남에게 자기의 의사를 표현함.

마음 비루 | 풀이 |

대종사 말씀하시기를
[용맹이 뛰어난 사자나 범도
극히 미미한 비루가 몸에 퍼지면 필경 살지 못하게 되는 것 같이,
큰 뜻을 세우고 공부하는 사람도
극히 미미한 마음 경계 몇 가지가 비루가 되어
그 발원을 막고 평생사를 그르치게 하나니,
그러므로 공부인은 마음 비루가 오르지 않도록 늘 경계하고 살펴야 하나니라.

소태산 대종사님께서 공부인이 '미미한 마음 경계'에 잘 대응해야 함을 강조하십니다.
'큰 뜻을 세우고 공부하는 사람'을 '용맹이 뛰어난 사자나 범'으로 비유하시고,
'극히 미미한 마음 경계'를 '극히 미미한 비루'로 비유해서 법문을 하십니다.
이 작은 경계에 잘못 응하면 '평생사를 그르치게' 된다고 엄중하게 경계하십니다.
이 '극히 미미한 마음 경계'를 일일이 일러주십니다.

이제 그 마음 비루 몇 가지를 들어 보자면,
첫째는 여러 사람을 가르치는 공석公席에서 지도인이 어떠한 주의를 시키면
유독 자기만 들으라고 하였다 하여 섭섭하게 아는 일이요,

지도인은 모든 사람들을 위해서 가르침을 폅니다.
"봄 바람은 사私가 없이 평등하게 불어 주지마는 산 나무라야 그 기운을 받아 자라고, 성현들은 사가 없이 평등하게 법을 설하여 주지마는 신 있는 사람이라야 그 법을 오롯이 받아 갈 수 있나니라." -「신성품」11장 라는 법문과 같이,
지도를 따르는 제자는 '사私'가 없어야 하고 '신信'이 있어야 합니다.

둘째는 공부하러 온 본의를 잊어버리고
공연히 자기 집에서나 받던 대우를 도량에서 구하는 일이요,

'내가 남을 위하는 전무출신인가 남에게 위함을 바라는 전무출신인가를 잘 살펴서, 남을 위하는 전무출신이면 그대로 꾸준히 진행하려니와, 만일 남에게 위함을 바라는 전무출신이어든 바로 그 정신을 고치든지, 그 정신이 끝내 고쳐지지 못하거든 차라리 사가로 돌아가서 당초에 원하지 아니한 큰 죄업이 앞에 쌓이지 않도록 하라.' - 「교단품」 7장 라는 법문과 같은 맥락의 말씀입니다. 공과 사, 공가와 사가를 분별할 줄 알아야 함은 공부인이 기본입니다.

세째는 자기의 앞길을 위하여 충고를 하면 사실이야 어떻든지
보감을 삼지는 아니하고 이 사람 저 사람에게 대질하며
또는 말해 준 사람을 원수같이 아는 일이요,

공부인이라면 마음을 써서 충고를 하는 사람에 대해 감사해야 합니다.
'입에 쓴 약이 몸에 좋다.'는 말과 같이 충고가 당장 불편해도 감수해야 합니다.
'대질'하거나 '원수같이 아는 일'을 하면 교단의 분위기까지 해치게 됩니다.
물론 마음공부도 퇴보하게 됩니다.

네째는 지위와 신용이 드러남을 따라서 자존심이 점점 커나는 일이요,

이렇게 자존심이 커지면 무상 공부도 어렵고 무심 봉공, 무아봉공도 불가능합니다.
"큰 공부를 방해하는 두 마장魔障이 있나니, 하나는 제 근기를 스스로 무시하고 자포자기하여 향상을 끊음이요, 둘은 작은 지견에 스스로 만족하고 자존 자대하여 향상을 끊음이니, 이 두 마장을 벗어나지 못하고는 큰 공부를 이루지 못하나니라." - 「요훈품」 11장 이라는 말씀과 같습니다.

다섯째는 대중 가운데서 항상 자기만 생각하여 달라 하고

자기만 편하려고 하는 일이요,

공부인은 타인을 위해 처처불상 사사불공하는 무아봉공의 삶을 지향합니다.
자신이 불편을 감수하고 타인을 편하게 해야 하는 삶의 태도를 가져야 합니다.
'자기만 편하려고' 하는 태도, 자기중심적 마음가짐으로는 큰 공부를 할 수 없습니다.

여섯째는 자기의 마음과 말은 조심하지 못하면서
지도인이나 동지들이 통정하여 주지 않는다고 원망하는 일이요,

무엇이 원인이고 무엇이 그에 따른 결과인지를 바르게 봐야 합니다.
'지도인이나 동지들이 통정하여 주지 않는' 것이 결과라면
내가 '마음과 말' 등을 '조심하지 못' 한 것은 그 원인일 수 있습니다.
나의 심신작용을 면밀히 돌아보지 못하면 괜한 '원망'을 할 수 있습니다.
작은 원망이 쌓이면 인간관계가 악화되어 공부와 사업에 큰 지장이 됩니다.

일곱째는 생각해 줄수록 더욱 만족히 알지 아니하고
전에 없던 버릇이 생기는 일이라

'전에 없던 버릇'이 무엇인지 대종사님께서 말씀하시지는 않았습니다.
당연히 좋지 않은 버릇이고 공부인으로서 버려야 할 버릇일 것입니다.
교단의 법연들이 자신을 '생각해 줄수록 더욱 만족히 알지 아니'한다는 것은
자신에 대한 배려를 점차 당연한 것으로 여겨서 감사할 줄 모르는 것입니다.
은혜를 모르면 감사할 줄 모르게 되고 만족할 줄도 모르게 됩니다.
공부인의 기본적인 신앙과 수행에 배치되는 태도입니다.

이 모든 조건이 비록 큰 악은 아니나
능히 공부인의 정진심을 방해하는 비루가 되나니
그대들은 이 점에 크게 주의하라.]

대종사님이 제자들과 함께 생활하고 수행하면서 느끼신 점들일 것입니다.
마치 잘 보이지도 않는 비루가 사자나 호랑이를 병들어 죽게 하는 것처럼 이런 '극히 미미한 마음 경계'들이 '큰 뜻을 세우고 공부하는 사람'의 '발원을 막고 평생사를 그르치게' 한다고 크게 경계하십니다.

'큰 뜻을 세우고 공부하는 사람'이라도 '이소성대는 천리의 원칙'-「교단품」30장 이라는 말씀과 같이 '미미한 마음 경계'에 잘 응해야 합니다.
'법과 마를 일일이 분석하고(중략) 천만 경계 중에서 사심을 제거하는 데 재미를 붙이고'-「법위등급」법마상전급 라는 내용과 같이 소소한 마음 작용 하나하나를 정확히 알아차리고 챙겨서 사심을 정심으로 돌리는 공부를 해야 공부인의 '발원'과 '정진심'을 지속하여 '평생사'를 원만히 성취하는 공부의 기초를 다질 수 있을 것입니다.

나의 마음공부

• 나는 법문의 일곱 가지 '마음 비루' 중 어느 것에 해당하나요?

• 그 밖에 발견한 내 '마음 비루'는 무엇인가요?

• '마음 비루'를 발견했을 경우에 어떻게 극복해야 할지 잘 알고 있나요?

• 나의 '정진심'을 방해하는 가장 큰 경계는 무엇인가요?

한 제자 지방 교무로 처음 부임할 때에 대종사 말씀하시기를
[내가 그동안 너를 다른 사람들같이 특별히 자주 챙겨주지 못하고
그대로 둔 감이 있는데 혹 섭섭한 마음이나 없었느냐.
대개 토질이 나쁘고 잡초가 많은 밭에는
사람의 손이 자주 가야만 곡식을 많이 거둘 수 있으나,
그렇지 아니한 밭에는 큰 수고를 들이지 아니하여도
수확을 얻기가 어렵지 아니한 것 같이,
사람도 자주 불러서 타일러야 할 사람도 있고,
몇 번 타이르지 아니하여도 좋을 사람이 있어서 그러한 것이니
행여 섭섭한 마음을 두지 말라.]

『대종경』「교단품」21장

자주 챙겨주지 못하고 | 풀이 |

한 제자 지방 교무로 처음 부임할 때에 대종사 말씀하시기를
[내가 그동안 너를 다른 사람들같이 특별히 자주 챙겨 주지 못하고
그대로 둔 감이 있는데 혹 섭섭한 마음이나 없었느냐.

평소에 '자주 챙겨 주지 못'한 제자가 부임지로 떠나려 하자
소태산 대종사님께서 제자가 '혹 섭섭한 마음'은 없었는지 챙겨주십니다.

대개 토질이 나쁘고 잡초가 많은 밭에는
사람의 손이 자주 가야만 곡식을 많이 거둘 수 있으나,
그렇지 아니한 밭에는 큰 수고를 들이지 아니하여도
수확을 얻기가 어렵지 아니한 것 같이,
사람도 자주 불러서 타일러야 할 사람도 있고,
몇 번 타이르지 아니하여도 좋을 사람이 있어서 그러한 것이니
행여 섭섭한 마음을 두지 말라.]

평소에 '자주 챙겨 주지 못'한 것에 대한 이유를 자상하게 설명해주십니다.
에두른 표현으로 공부인의 근기를 말씀하십니다.
'손이 자주' 가는 잡초가 많은 밭과 그렇지 않은 밭으로 비유하십니다.
지금 상대하는 제자는 밭으로 보자면 잡초가 없는 좋은 밭이고,
'몇 번 타이르지 아니하여도 좋을 사람'인 셈입니다.

제자를 멀리 보내면서 자주 보지 못하게 된 상황에서
대종사님께서 제자를 아끼고 걱정하는 마음에서 해주시는 자비 법문입니다.
지난날을 회고하며 자주 챙겨주지 못한 것에 대한 이유와 함께

미안함도 표하신 듯합니다.

또한 말씀 말미에 '행여 섭섭한 마음을 두지 말라'라고 또다시 챙겨 주십니다.
여러 제자들을 챙겨야 하는 스승님의 고충도 읽히는 대목이고
근기에 맞춰 제자들을 일일이 챙기시는 자비로움을 느낄 수 있는 법문입니다.

나의 마음공부

• 나는 '자주 불러서 타일러야 할 사람'인가요?도 있고,

• 나는 '몇 번 타이르지 아니하여도 좋을 사람'인가요?

• 나는 스승님이 자주 챙겨주지 못할 때 어떤 마음이 드나요?

대종사 영산에서 봉래 정사에 돌아오사 여러 제자에게 말씀하시기를
[내가 오는 길에 어느 장 구경을 하게 되었는데,
아침에 옹기장수는 옹기 한 짐을 지고 장에 오며,
또 어떤 사람은 지게만 지고 오더니,
그들이 돌아갈 때에는 옹기장수는 다 팔고 지게만 지고 가며,
지게만 지고 온 사람은 옹기를 사서 지고 가는데,
두 사람이 다 만족한 기색이 엿보이더라.
나는 그것을 보고 생각하기를
당초에 옹기장수가 지게만 지고 온 사람을 위하여 온 것이 아니었고,
지게만 지고 온 사람이 옹기장수를 위하여 온 것이 아니어서,
각기 다 자기의 구하는 바만 구하였건마는,
결국에는 두 사람이 다 한가지 기쁨을 얻었으니,
이것이 서로 의지하고 바탕이 되는 이치로다 하였노라.
또 어떤 사람은 가게 주인이 거만하다 하여 화를 내고 그대로 가니,
사람들이 말하기를 저 사람은 물품을 사러 장에 온 것이 아니라
대우받으러 장에 온 것이라고 비웃었으며,
또 한 사람은 가게 주인이야 어떠하든지 자기가 살 물품만 실수 없이 사는지라
좌우 사람들이 모두 그를 옳게 여기며 실속 있는 사람이라고 칭찬하더라.
나는 이 일을 보고 들을 때에
문득 그대들의 교단 생활하는 일과 비교되어서,
혼자 웃기도 하고 탄식도 하였노니
그대들은 이 이야기에서 깊은 각성을 얻어 보라.]

『대종경』「교단품」 22장

옹기장수 | 풀이 |

대종사 영산에서 봉래 정사에 돌아오사 여러 제자에게 말씀하시기를
[내가 오는 길에 어느 장 구경을 하게 되었는데,
아침에 옹기장수는 옹기 한 짐을 지고 장에 오며,
또 어떤 사람은 지게만 지고 오더니,
그들이 돌아갈 때에는 옹기장수는 다 팔고 지게만 지고 가며,
지게만 지고 온 사람은 옹기를 사서 지고 가는데,
두 사람이 다 만족한 기색이 엿보이더라.

소태산 대종사님께서 장 구경을 하시다가 옹기를 사고파는 것을 보신 후
이를 자세하게 묘사하신 후 감각감상을 덧붙이십니다.

나는 그것을 보고 생각하기를
당초에 옹기장수가 지게만 지고 온 사람을 위하여 온 것이 아니었고,
지게만 지고 온 사람이 옹기장수를 위하여 온 것이 아니어서,
각기 다 자기의 구하는 바만 구하였건마는,
결국에는 두 사람이 다 한가지 기쁨을 얻었으니,
이것이 서로 의지하고 바탕이 되는 이치로다 하였노라.

서로 필요한 것을 주고받는 것이 원만히 이뤄짐을 보시면서
'서로 의지하고 바탕이 되는 이치'를 발견하십니다.
「동포은」에서 '만일, 동포의 도움이 없이, 동포의 의지가 없이, 동포의 공급이 없이는 살 수 없다면 그같이 큰 은혜가 또 어디 있으리요. 대범, 이 세상은 사·농·공·상 土農工商 의 네 가지 생활 강령이 있고, 사람들은 그 강령 직업 하에서 활동하여, 각자의 소득으로 천만 물질을 서로 교환할 때에 오직 자리이타 自利利他 로써 서로 도움이 되고 피은이 되

었나니라.'라고 설하신 내용과 상통합니다.

또 어떤 사람은 가게 주인이 거만하다 하여 화를 내고 그대로 가니,
사람들이 말하기를 저 사람은 물품을 사러 장에 온 것이 아니라
대우받으러 장에 온 것이라고 비웃었으며,
또 한 사람은 가게 주인이야 어떠하든지 자기가 살 물품만 실수 없이 사는지라
좌우 사람들이 모두 그를 옳게 여기며 실속 있는 사람이라고 칭찬하더라.

이런 '자리이타自利利他'의 관계 속에서도 사람마다 다른 태도로 살아가니,
어떤 사람은 주인의 태도를 탓하며 그냥 돌아가버리는가 하면,
다른 사람은 주인의 태도와는 별개로 살 물건만 실수 없이 잘 사서 돌아갑니다.
대종사님은 여기서부터 우리 '교단' 구성원들의 생활 태도를 말씀하십니다.
이왕이면 '실속 있는 사람'이 되라는 마음을 전하고자 하십니다.

나는 이 일을 보고 들을 때에
문득 그대들의 교단 생활하는 일과 비교되어서,
혼자 웃기도 하고 탄식도 하였노니
그대들은 이 이야기에서 깊은 각성을 얻어 보라.]

앞선 예화를 '교단 생활'에 대입해서 읽어야 대종사님의 뜻을 읽을 수 있습니다.
어떤 사람은 자신이 시장에서 해야 할 일, 얻을 것을 명확히 인식하고 실행하지만,
다른 사람은 목적과 할 일을 망각하고 남탓을 하고 그냥 돌아가버리는 데서
교단 생활을 하는 두 가지 태도를 엿볼 수 있습니다.

열악한 환경에 각지에서 모인 사람들이 '교단 생활'을 해나갈 때
크고 작은 문제들이 왜 없었겠습니까?
교단 생활 자체가 경계라고 할 수 있습니다.
하지만 공부인들이라면 자신이 교단에 온 이유와 목적을 잊지 말고

자신에게 필요한 것을 얻어야 합니다.
그래야 교단의 존재 목적과 공부인들이 함께 공부하는 목적을 이룰 수 있습니다.
대종사님이 제자들에게 '이 이야기에서 깊은 각성을 얻어 보라'라고 하신 이유입니다.

교단은 객관적으로 하나의 교단이지만
'교단 생활'을 어떻게 하느냐는 각자의 몫입니다.
각자의 목적과 태도에 따라 그들의 '교단 생활'은 달라지고
소득 유무와 내용도 달라집니다.
대종사님께서 '탄식'이 아니라 웃으실 수 있도록 교단 생활을 잘해야겠습니다.

나의 마음공부

• 내가 '교단 생활'을 하는 목적은 무엇인가요?

• 나는 '교단 생활'을 통해서 무엇을 구하고자 하나요?

• 나는 '교단 생활'에서 무엇을 얻었나요?

• 나는 앞으로 '교단 생활'에서 무엇을 얻고자 노력할 계획인가요?

23

대종사 말씀하시기를
[그대들이 다행히 이 도문을 찾아는 왔건마는
본래에 익히고 아는 바가 다르며,
또는 그 사람이 아니면 그 사람을 모르는지라,
조그마한 경계 하나를 못 이기어 도로 나가는 사람도 혹 있나니,
이러한 사람은 마치 소경이 문고리를 옳게 잡았건마는
문턱에 한 번 걷어 채이고는 화를 내어
도로 방황하는 길로 나가는 것과 같나니라.
육안肉眼이 어둔 소경은
자신이 소경인 줄이나 알므로 미리 조심이라도 하지마는,
심안心眼이 어둔 소경은
자신이 소경인 줄도 모르므로
스스로 깊은 구렁에 빠지되 빠지는 줄도 알지 못하나니
어찌 위태롭지 아니하리요.]

『대종경』「교단품」23장

• **소경** : '시각 장애인'을 낮잡아 이르는 말. 세상 물정에 어둡거나 글을 모르는 사람을 비유적으로 이르는 말.

소경이 문고리를 옳게 잡았건마는 | 풀이 |

대종사 말씀하시기를
[그대들이 다행히 이 도문을 찾아는 왔건마는
본래에 익히고 아는 바가 다르며,
또는 그 사람이 아니면 그 사람을 모르는지라,
조그마한 경계 하나를 못 이기어 도로 나가는 사람도 혹 있나니,
이러한 사람은 마치 소경이 문고리를 옳게 잡았건마는
문턱에 한 번 걷어 채이고는 화를 내어
도로 방황하는 길로 나가는 것과 같나니라.

이 법문은 바로 앞의 「교단품」 23장 내용과 같은 맥락입니다.
옹기장수의 비유가 소경의 비유로 바뀌었습니다.
'조그마한 경계 하나를 못 이기어 도로 나가는 사람'에 대한 안타까움이 가득합니다.
'교단' 즉, 정법 회상의 '문고리를 옳게 잡았건마는' 다시 길로 나가는 사람들을
앞을 볼 수 없는 '소경'에 비유하십니다.

교단이라는 공동체의 삶이 '경계'가 되는 이유에 대해서
대종사님은 '그대들이 다행히 이 도문을 찾아는 왔건마는 본래에 익히고 아는 바가
다르며, 또는 그 사람이 아니면 그 사람을 모르는지라'라고 원인을 설명해주십니다.
사람마다 다른 이유가 있겠지만 이런 것을 경계의 주된 내용으로 손꼽으셨습니다.
부처의 인격을 이루고 제생의세의 서원을 이루려고 교단에 입문했어도
'조그마한 경계 하나를 못 이기'면 애초의 서원과 목적을 이룰 수 없습니다.
그런 고비를 잘 넘기라고 이 법문을 하신 것입니다.

육안肉眼이 어둔 소경은

자신이 소경인 줄이나 알므로 미리 조심이라도 하지마는,

심안心眼이 어둔 소경은

자신이 소경인 줄도 모르므로

스스로 깊은 구렁에 빠지되 빠지는 줄도 알지 못하나니

어찌 위태롭지 아니하리요.]

그렇게 중도에 그만두는 제자들을 '심안心眼이 어둔 소경'에 비유하셨습니다.
안타까운 것은 이들은 '자신이 소경인 줄도 모르'고,
'스스로 깊은 구렁에 빠지되 빠지는 줄도 알지 못'한다고 안타까워하십니다.
마음공부로 지혜를 밝혀서 마음의 눈을 떠야 하는데 '도문道門'을 떠나버리니
어느 세월에 수행길을 찾아서 마음의 눈을 뜰 수 있을까요.
그들의 먼 앞날까지 보시는 대종사님의 안타까움이 절절히 느껴지는 법문입니다.

나의 마음공부

- 나는 교단의 '문고리'를 어떻게 잡고 들어왔나요?

- 내가 '본래에 익히고 아는 바'는 다른 사람들과 어떻게 다른가요?

- 혹시 교단을 도로 나가고 싶게 만든 '조그마한 경계'들이 있었나요?

- 내가 서원한 바를 이루기 위해 '미리 조심'해야 할 것은 무엇일까요?

대종사 말씀하시기를
[내가 가게 하나를 벌이고 영업을 개시한 지 여러 해가 되었으되
조금도 이익을 보지 못하였노니,
어찌 그런고 하면 여러 사람들에게 모든 물품을 외상으로 주었더니,
어떤 사람은 그 물품을 가져다가 착실히 팔아서 대금도 가져오고
저도 상당한 이익을 보나, 그러한 사람은 가장 적고,
대개는 물품을 가져간 후에 팔지도 아니하고 그대로 제집에 두었다가
얼마를 지낸 후에 물품 그대로 가져오거나,
혹은 그 물품을 잃어버리고 값도 주지 아니하는 사람이 허다하므로
자연 손실이 나게 되었노라.

그러나, 이후부터는 물품을 잘 팔아서 자기도 이익을 보고
대금도 잘 가져오는 사람은 치하도 하고 물품도 더욱 잘 대어 줄 것이나,
물품으로 도로 가져오는 사람은 크게 책망을 할 것이요,
물품도 잃어버리고 값도 주지 않는 사람은 반드시 법에 알리어 처리하리라.]하시고,
[그대들이 내 말의 뜻을 짐작하겠는가.]하시니,

한 제자 사뢰기를 [가게를 개시하였다는 것은 도덕 회상을 열으셨다는 말씀이요,
물품값도 잘 가져오고 저도 상당한 이익을 본다는 것은
대종사께 법문을 들은 후 남에게 선전도 잘하고 자기도 그대로 실행하여
많은 이익을 얻는다는 말씀이요,
물품을 그대로 가져온다는 것은
법문을 들은 후 잊어버리지는 아니하나 실지 효과를 내지 못한다는 말씀이요,
물품도 잃어버리고 값도 주지 않는다는 것은

법문을 들은 후 남에게 선전도 아니 하고 자기가 실행도 아니 하며
그 법문조차 아주 잊어버린다는 말씀이요,
법에 알리어 처리한다는 것은
좋은 법문을 듣고도 실행도 아니 하고 잊어 버리고 다니는 사람은
반드시 옳지 못한 일을 많이 행할 것이므로
자연히 많은 죄벌을 받게 되리라는 말씀인가 하나이다.]
대종사 말씀하시기를 [너의 말이 옳으니라.]

『대종경』「교단품」24장

내가 가게 하나를 벌이고 | 풀이 |

대종사 말씀하시기를
[내가 가게 하나를 벌이고 영업을 개시한 지 여러 해가 되었으되
조금도 이익을 보지 못하였노니,

소태산 대종사님께서 '교단'을 '가게'에 비유해서 법문을 하십니다.

어찌 그런고 하면 여러 사람들에게 모든 물품을 외상으로 주었더니,
어떤 사람은 그 물품을 가져다가 착실히 팔아서 대금도 가져오고
저도 상당한 이익을 보나, 그러한 사람은 가장 적고,
대개는 물품을 가져간 후에 팔지도 아니하고 그대로 제집에 두었다가
얼마를 지낸 후에 물품 그대로 가져오거나,
혹은 그 물품을 잃어버리고 값도 주지 아니하는 사람이 허다하므로
자연 손실이 나게 되었노라.

외상으로 물건을 빌려주니 어떤 사람은 장사를 잘해서 이익을 보고,
다른 사람은 장사를 못해서 손실을 본다고 비유적으로 설명하십니다.

그러나, 이후부터는 물품을 잘 팔아서 자기도 이익을 보고
대금도 잘 가져오는 사람은 치하도 하고 물품도 더욱 잘 대어 줄 것이나,
물품으로 도로 가져오는 사람은 크게 책망을 할 것이요,
물품도 잃어버리고 값도 주지 않는 사람은 반드시 법에 알리어 처리하리라.]하시고,
[그대들이 내 말의 뜻을 짐작하겠는가.]하시니,

앞으로는 이익을 내는 사람과 손실을 내는 사람을 구분해서 대우하겠다고 하시며,

대종사님의 비유 법문을 이해할 수 있냐고 제자들에게 질문하십니다.

한 제자 사뢰기를 [가게를 개시하였다는 것은 도덕 회상을 열으셨다는 말씀이요,

제자는 대종사님 마음에 들게 해석합니다.
'가게'는 '도덕 회상'을 의미하고,
'물품'은 대종사님의 '교법'을 의미하고,
'이익'을 잘 낸다는 것은 교법을 잘 실행하고 교화도 잘함을 의미한다고 대답합니다.

물품값도 잘 가져오고 저도 상당한 이익을 본다는 것은
대종사께 법문을 들은 후 남에게 선전도 잘하고 자기도 그대로 실행하여
많은 이익을 얻는다는 말씀이요,
물품을 그대로 가져온다는 것은
법문을 들은 후 잊어버리지는 아니하나 실지 효과를 내지 못한다는 말씀이요,
물품도 잃어버리고 값도 주지 않는다는 것은
법문을 들은 후 남에게 선전도 아니 하고 자기가 실행도 아니 하며
그 법문조차 아주 잊어버린다는 말씀이요,
법에 알리어 처리한다는 것은
좋은 법문을 듣고도 실행도 아니 하고 잊어버리고 다니는 사람은
반드시 옳지 못한 일을 많이 행할 것이므로
자연히 많은 죄벌을 받게 되리라는 말씀인가 하나이다.]

제자는 대종사님의 비유 법문을 해석하기를,
공부인 또는 교화자를 세 부류로 나눌 수 있으니,
하나는 '법문을 들은 후 남에게 선전도 잘하고 자기도 그대로 실행하여
많은 이익을 얻는' 근기의 공부인이요,
둘은 '법문을 들은 후 잊어버리지는 아니하나 실지 효과를 내지 못'하는 근기요,
셋은 '법문을 들은 후 남에게 선전도 아니 하고 자기가 실행도 아니 하며

그 법문조차 아주 잊어버린' 근기의 공부인이라고 풀이합니다.
또한 '좋은 법문을 듣고도 실행도 아니 하고 잊어버리고 다니는 사람'은
인과의 이치에 따라 과보를 받게 될 것이라고 해석을 합니다.

대종사 말씀하시기를 [너의 말이 옳으니라.]

제자의 이런 풀이에 대해 대종사님은 흡족하셨나 봅니다.
'너의 말이 옳으니라' 라고 인정하십니다.

이 법문을 통해서 대종사님께서 교단의 문을 여신 의미를 알 수 있고
대종사님의 교화에 대한 생각과 제자들에 대한 기대도 알 수 있습니다.
일단 대종사님께서 내놓은 교법을 제자들이 먼저 실행을 잘해야 하고,
교법 실행으로 실지 효과도 보아야 하며,
그다음에는 주변에 널리 알려서 교화도 해야 합니다.
제자들이 이렇게 해야 대종사님께서 교문을 연 목적을 이룰 수 있는 것입니다.
제자들의 근기와 역량에 따라 차이가 날 수밖에 없으나
대종사님의 바람은 모든 제자들이 스스로도 교법을 실생활에 활용해서 효과를 보고
세상에 널리 알려서 교화에도 성공하기를 바라십니다.
제자들이 법장사를 잘해야 '광대무량한 낙원'이 하루빨리 건설될 것입니다.

나의 마음공부

• 나는 '법문을 들은 후 남에게 선전도 잘하고 자기도 그대로 실행하여 많은 이익을 얻는' 공부인인가요?

• 나는 '법문을 들은 후 잊어버리지는 아니하나 실지 효과를 내지 못'하는 공부인인가요?

• 나는 '법문을 들은 후 남에게 선전도 아니 하고 자기가 실행도 아니 하며 그 법문조차 아주 잊어버리는' 공부인인가요?

• 나의 근기를 고려할 때 인과의 이치에 따라 장차 어떤 과보를 받을 것으로 예상하나요?

대종사 새해를 맞이하여 대중에게 말씀하시기를
[내가 어제 밤 꿈에 한 이인異人을 만났는데,
그가 말하기를 이 회상이 장차 크게 융성할 것은 의심 없으나
다만 세력이 커짐을 따라
혹 다른 사람이나 다른 단체를 업신여기게 될까 걱정인즉
대중에게 미리 경계하라고 부탁하더라.
꿈은 허망한 것이라 하나 몽사가 하도 역력하고
또는 환세換歲를 당하여 이러한 몽조가 있는 것은 범연한 일이 아니니,
그대들은 누구를 대하거나 공경심을 놓지 말고 아무리 미천한 사람이라도
이 회상의 발전에 도움을 줄 수도 있고 해독을 줄 능력도 있다는 것을 각성하여,
상불경常不輕의 정신으로 모든 경계를 처리하라.
이것이 우리 회상의 앞길에 큰 관계가 있으리라.]

『대종경』「교단품」25장

상불경常不輕의 정신 | 풀이 |

대종사 새해를 맞이하여 대중에게 말씀하시기를
[내가 어제 밤 꿈에 한 이인異人을 만났는데,

소태산 대종사님께서 꿈속 이인異人의 이야기를 빌어 법문을 하십니다.
혹시 방편 삼아 꿈 이야기를 하신 것인지는 알 수 없습니다.

그가 말하기를 이 회상이 장차 크게 융성할 것은 의심 없으나
다만 세력이 커짐을 따라
혹 다른 사람이나 다른 단체를 업신여기게 될까 걱정인즉
대중에게 미리 경계하라고 부탁하더라.

'다른 사람이나 다른 단체를 업신여기게 될까 걱정' 하십니다.

꿈은 허망한 것이라 하나 몽사가 하도 역력하고
또는 환세換歲를 당하여 이러한 몽조가 있는 것은 범연한 일이 아니니,
그대들은 누구를 대하거나 공경심을 놓지 말고 아무리 미천한 사람이라도
이 회상의 발전에 도움을 줄 수도 있고 해독을 줄 능력도 있다는 것을 각성하여,
상불경常不輕의 정신으로 모든 경계를 처리하라.
이것이 우리 회상의 앞길에 큰 관계가 있으리라.]

어떤 조직이나 단체에서 늘 일어날 수 있는 일을 미리 경계해주십니다.
'누구를 대하거나 공경심을 놓지 말'라는 주의를 주십니다.
원불교 신앙의 핵심 내용인 처처불상處處佛像 사사불공事事佛供의 가르침입니다.

'일원상의 신앙'에 대한 방법을 설명하신 다음 법문과도 일맥상통합니다.
'천지 만물 허공 법계가 다 부처 아님이 없나니, 우리는 어느 때 어느 곳이든지 항상 경외심을 놓지 말고 존엄하신 부처님을 대하는 청정한 마음과 경건한 태도로 천만 사물에 응할 것이며, 천만 사물의 당처에 직접 불공하기를 힘써서 현실적으로 복락을 장만할지니, 이를 몰아 말하자면 편협한 신앙을 돌려 원만한 신앙을 만들며, 미신적 신앙을 돌려 사실적 신앙을 하게 한 것이니라.' - 「교의품」4장

사실 원불교인이라면 누구나 익히 아는 교리입니다만,
그 실행은 결코 쉽지 않은 내용이 바로 '경외심'을 놓지 않는 것입니다.
교단 구성원 한 사람 한 사람이 다 '경외심'으로 '청정한 마음과 경건한 태도'로
사람들을 대하고 천만 경계에 응하는 것이 교단의 미래를 좌우한다는 말씀입니다.
회상의 미래가 다른 것보다 가장 기본적인 마음가짐과 태도에 달렸다는 것을
알 수 있는 가르침입니다.
다양한 단체나 조직들의 구성원들이 상대를 공경하지 않거나
함부로 대하는 태도로 인해 한 순간에 위기에 봉착하는 사례가 많습니다.
우리 모두의 기본적 마음가짐과 태도를 성찰하게 하는 법문입니다.

나의 마음공부

• 나는 우리 '회상이 장차 크게 융성할 것'을 확신하나요?

• 나는 혹시 '다른 사람이나 다른 단체를 업신여기게 될까 걱정' 되는 행동을 하고 있지 않나요?

• 나는 '누구를 대하거나 공경심을 놓지' 않고 있나요?

• '우리 회상의 앞길에 큰 관계'가 있는 것은 무엇일까요?

어느 신문에 우리를 찬양하는 기사가 연재되는지라
대중이 모두 기뻐하거늘,
대종사 말씀하시되
[칭찬하는 이가 있으면 훼방하는 사람도 따라서 생기나니,
앞으로 우리 교세가 더욱 융성해지고 명성이 더욱 드러남을 따라
우리를 시기하는 무리도 생겨날 것인즉,
그대들은 이 점을 미리 각오하여 세간의 칭찬과 비방에 너무 끌리지 말고
오직 살피고 또 챙기어 꾸준히 당연한 일만 행해 나가라.]

『대종경』「교단품」26장

• **시기** 猜忌 : 샘을 내서 미워함.

세간의 칭찬과 비방 | 풀이 |

어느 신문에 우리를 찬양하는 기사가 연재되는지라
대중이 모두 기뻐하거늘,

작은 신생 단체에 불과했던 초기 교단에 대해서 신문이 호의적 기사를 쓰니
대중들이 매우 기뻤을 것입니다.
세상 사람들의 인정 받은 듯한 보람과 기쁨을 느끼는 것이 당연했을 것입니다.
소태산 대종사님도 함께 기뻐하셨을 텐데 거기에 그치지 않고
대중들에게 이 상황도 경계로 받아들여 마음을 잘 챙길 것을 당부하십니다.

대종사 말씀하시되
[칭찬하는 이가 있으면 훼방하는 사람도 따라서 생기나니,
앞으로 우리 교세가 더욱 융성해지고 명성이 더욱 드러남을 따라
우리를 시기하는 무리도 생겨날 것인즉,

음양이 상승하는 이치와 같이 칭찬에는 시기猜忌와 훼방도 따름을 경계하십니다.
'우리를 시기하는 무리도 생겨날 것' 임을 '미리 각오' 하라고 당부하십니다.
마음의 준비를 하라는 가르침입니다.
'호사다마好事多魔' 라는 말과 같이 좋은 일에는 흔히 방해되는 일이 많을 수 있습니다.
마음을 챙겨야 미연에 방지할 수 있습니다.

그대들은 이 점을 미리 각오하여 세간의 칭찬과 비방에 너무 끌리지 말고

그러면 이런 경계에 어떻게 응해야 할까요?
대종사님은 먼저 '세간의 칭찬과 비방에 너무 끌리지 말' 라고 말씀하십니다.

'응용하는 데 온전한 생각으로 취사하기를 주의' 하라는 '상시 응용 주의 사항' 1조에
의하면 '온전한 마음' 부터 잘 챙겨야 한다는 말씀으로 볼 수 있습니다.
세간의 '칭찬' 에 마음이 '끌리' 면 잘못된 판단과 취사로 이어질 수 있습니다.
세간의 '비방' 도 마찬가지입니다.
'비방' 에 마음이 '끌리' 면 온전한 사리연구와 작업취사가 어려워집니다.
마음이 정도를 벗어나서 그릇된 판단과 실행으로 이어질 수 있습니다.
대중의 마음이 그런 '칭찬과 비방' 같은 경계로부터 자유로워야
교단이 나아갈 바른 방향으로 꾸준히 나아갈 수 있습니다.

오직 살피고 또 챙기어 꾸준히 당연한 일만 행해 나가라.]

밖으로는 환경을 잘 '살피고' 안으로는 각자의 마음을 잘 '챙기' 라고 말씀하시고,
'꾸준히 당연한 일' 만 행하라고 하십니다.
여기서 '당연한 일' 이란 우리 교단이 해야 할 일입니다.
대종사님은 「인도품」 1장에서 '그와 같이 사사물물을 접응할 때마다 각각 당연한 길이
있나니, 어느 곳을 막론하고 오직 이 당연한 길을 아는 사람은 곧 도를 아는 사람이요,
당연한 길을 모르는 사람은 곧 도를 모르는 사람이며, 그 중에 제일 큰 도로 말하면 곧
우리의 본래 성품인 생멸 없는 도와 인과 보응되는 도이니, 이는 만법을 통일하며 하늘
과 땅과 사람이 모두 여기에 근본하였으므로 이 도를 아는 사람은 가장 큰 도를 알았다
하나니라.' 라고 설하신 바 있습니다.
요컨대, 우리 교단이 행해야 할 '도道' 를 꾸준히 행하라는 말씀입니다.

대종사님은 대각 일성으로 '생멸 없는 도와 인과 보응되는 이치' 를 밝혀주셨습니다.
같은 내용이 「인도품」 1장에서도 반복되고 있습니다.
대종사님의 교법은 이 깨달음에서 비롯되어 구체화된 것이니
'꾸준히 당연한 일만 행해 나가라' 라는 말씀은 '칭찬' 이나 '비방' 에 흔들리지 말고
교법을 꾸준히 행하라는 말씀과 같습니다.
'당연한 일' 이 바로 '도' 이고 '길' 이며,

'길이라 함은 무엇이든지 떳떳이 행하는 것을 이름' -「인도품」1장이라고 하셨으니
떳떳하고 꾸준하게 해야 마땅한 '당연한 일'을 '행해 나가'면 그만입니다.
그러면 '법신불 사은'님이 인과의 이치에 따라 '덕'과 '은혜'로 응답하실 것입니다.
대종사님께서는 이 사실을 알고 계시기에 이렇듯 차분한 법문으로
제자들이 가야 할 길을 안내해주십니다.

나의 마음공부

• 나는 '칭찬과 비방'에 '끌리지' 않을 수 있나요?

• '칭찬'에는 어떻게 응해야 할까요?

• '비방'과 '훼방'에는 어떻게 응해야 할까요?

• 내가 꾸준히 행해야 할 '당연한 일'을 명확히 알고 있나요?

대종사 말씀하시기를
[사람이 세상에서 무슨 일을 하기로 하면
각각 그 일의 판국에 따라 그만한 고난과 파란이 다 있나니
고금을 통하여 불보살 성현들이나 위인 달사 치고
고난 없이 성공한 분이 거의 없었나니라.

과거 서가모니 불도 한 나라 태자의 모든 영화를 다 버리시고 성을 넘어 출가하사,
육 년 동안 갖은 난행과 고행을 겪으셨으며,
회상을 펴신 후에도 여러 가지 고난이 많으신 가운데
외도들의 박해로 그 제자가 악살까지 당하였으나,
부처님의 대도는 그 후 제자들의 계계승승으로 오늘날 모든 생령의 한량없는 존모를 받게 되었고,

공자께서는 춘추 대의를 바로잡기 위하여 천하를 철환 하실 때에
상가의 개 같다는 욕까지 들으셨으며, 진채의 난과 모든 박해를 입었으나
그 제자들의 꾸준한 노력으로 필경 인륜 강기를 바로잡아
오늘날 세계적 성인으로 존모를 받게 되었고,

예수께서도 갖은 박해와 모함 가운데 복음을 펴시다가
마침내 십자가에 형륙까지 당하였으나 그 경륜은 사도들의 악전 고투로
오늘날 가위 전 세계에 그 공덕을 끼치지 아니하는가.

우리도 파란 많은 이 세상에 나와서 큰 목표를 세우고 활동을 하게 되었으니
어찌 시비나 고생이 없으리요.
아직까지는 그다지 큰 비난이나 압박을 받은 일이 없었지마는

사람이 차차 많아지고 일이 점점 커짐에 따라 이 중에 잘못하는 사람이 생겨나
회상의 체면에 혹 낮은 영향이 올 수도 있으리라.

그러나, 우리의 목적이 진실로 세상을 이익 주는 데에 있고
우리의 교화가 참으로 제생의세에 필요하다면
비록 한두 사람의 잘못이 있고 한 두 가지 일에 그르침이 있다 할지라도
그로 인하여 우리 회상 전체가 어긋나지는 아니할 것이며,
설사 어떠한 모함과 박해를 당한다 할지라도
그 진체眞體는 마침내 그대로 드러나리라.
이를 비유하여 말하자면 안개가 산을 가리어 산의 면목이 한 때 흐리더라도
안개가 사라지면 산이 도리어 역력히 나타나는 것과 같나니,
그대들은 어떠한 고난과 파란에도 그 마음을 끌리지 말고
각자 각자가 본래의 양심만 잘 지켜서 끝까지 목적 달성에 매진한다면
우리의 대업은 원만히 성취될 줄로 확신하노라.]

『대종경』「교단품」27장

- **판국 判局** : 일이 벌어진 사태의 형편이나 국면.(한자 표기는 版局일 수도 있음.—필자 주)
- **달사 達士** : 이치에 밝아 사물에 얽매이지 않는 사람.
- **존모 尊慕** : 존경하여 그리워함.
- **진채의 난 陳蔡—亂** : 공자가 철환천하撤還天下할 때 진陳나라와 채蔡나라 사이에서 횡액을 당한 사건. 『논어』위령공편衛靈公篇에 나온다. 공자가 일찍이 여러 나라를 주유周游하던 중 초楚나라의 초빙을 받아 제자들과 함께 가던 중 진·채의 두 나라 경계에 이르렀는데, 진나라와 채나라 대부들이 서로 짜고서 사람들을 동원하여 공자를 들에서 포위해 가던 길을 차단하고 또한 식량 공급을 막아서 7일 간이나 끼니를 못 끓이는 곤경을 겪게 되었다. 이를 일컬어 '진채지액陳蔡之厄'이라고 부른다. 이후 맹자는 이를 두고 상·하의 군신君臣이 교제가 없었기 때문이라고 설명했다(『맹자』진심장구하). 다시 말해서 부덕한 진채의 대부들이 무식하여 공자와 교제하기를 원치 않아 생긴 일이니 상관할 바 없다는 것이다. 군자는 세속의 무리와 조화할 수 없음을 암시하는 말이다.
- **춘추대의 春秋大義** : 대의명분을 밝혀 세우는 큰 의리.

모함과 박해를 당한다 할지라도 | 풀이 |

대종사 말씀하시기를
[사람이 세상에서 무슨 일을 하기로 하면
각각 그 일의 판국에 따라 그만한 고난과 파란이 다 있나니
고금을 통하여 불보살 성현들이나 위인 달사 치고
고난 없이 성공한 분이 거의 없었나니라.

새로운 회상을 열었던 과거 성현님들의 선례를 들어
소태산 대종사님의 회상 건설에 따른 각오를 새롭게 하는 법문입니다.
'불보살', '성현', '위인', '달사'가 '고난 없이 성공'하지 못했음을 상기시켜주시며
예상되는 '고난과 파란'을 각오하자는 말씀입니다.

과거 서가모니 불도 한 나라 태자의 모든 영화를 다 버리시고 성을 넘어 출가하사,
육년 동안 갖은 난행과 고행을 겪으셨으며,
회상을 펴신 후에도 여러 가지 고난이 많으신 가운데
외도들의 박해로 그 제자가 악살까지 당하였으나,
부처님의 대도는 그 후 제자들의 계계승승으로 오늘날 모든 생령의 한량 없는 존모를 받게 되었고,

석가모니 부처님의 유성출가와 육년간의 설산 고행에 이은 고난과
제자들의 순교 등을 언급하시면서 그런 희생으로 인해 오늘의 불교가
'모든 생령의 한량없는 존모'를 받을 수 있게 되었음을 상기시켜주십니다.

공자께서는 춘추 대의를 바로잡기 위하여 천하를 철환 하실 때에
상가의 개 같다는 욕까지 들으셨으며, 진채의 난과 모든 박해를 입었으나
그 제자들의 꾸준한 노력으로 필경 인륜 강기를 바로잡아

오늘날 세계적 성인으로 존모를 받게 되었고,

예수께서도 갖은 박해와 모함 가운데 복음을 펴시다가
마침내 십자가에 형륙까지 당하였으나 그 경륜은 사도들의 악전 고투로
오늘날 가위 전 세계에 그 공덕을 끼치지 아니하는가.

공자님과 예수님이 감내했던 '박해'와 제자들의 '악전 고투'도 말씀하십니다.
'세계적 성인'으로 '전 세계에 그 공덕을 끼치'기까지의 과정을 드러내십니다.

우리도 파란 많은 이 세상에 나와서 큰 목표를 세우고 활동을 하게 되었으니
어찌 시비나 고생이 없으리요.
아직까지는 그다지 큰 비난이나 압박을 받은 일이 없었지마는
사람이 차차 많아지고 일이 점점 커짐에 따라 이 중에 잘못하는 사람이 생겨나
회상의 체면에 혹 낮은 영향이 올 수도 있으리라.

이어서 우리 회상의 앞날에도 '시비나 고생'이 있을 것임을 예상하십니다.
'잘못'하는 교단 구성원들도 있을 것임을 경계하십니다.

그러나, 우리의 목적이 진실로 세상을 이익 주는 데에 있고
우리의 교화가 참으로 제생의세에 필요하다면
비록 한두 사람의 잘못이 있고 한 두 가지 일에 그르침이 있다 할지라도
그로 인하여 우리 회상 전체가 어긋나지는 아니할 것이며,
설사 어떠한 모함과 박해를 당한다 할지라도
그 진체眞體는 마침내 그대로 드러나리라.

하지만 우리 회상의 '목적'과 '교화' 활동이 '세상에 이익'이 되고
'제생의세에 필요'하다면 결국 회상의 '진체眞體'가 드러날 것이라고 말씀하십니다.
그 과정에서 발생하는 과오나 실수도 잘 극복하고

'모함과 박해'도 잘 이겨내기를 주문하십니다.

이를 비유하여 말하자면 안개가 산을 가리어 산의 면목이 한 때 흐리더라도
안개가 사라지면 산이 도리어 역력히 나타나는 것과 같나니,
그대들은 어떠한 고난과 파란에도 그 마음을 끌리지 말고
각자 각자가 본래의 양심만 잘 지켜서 끝까지 목적 달성에 매진한다면
우리의 대업은 원만히 성취될 줄로 확신하노라.]

대종사님은 앞선 법문에서도 강조하셨듯이 제자들에게
'어떠한 고난과 파란에도 그 마음을 끌리지 말' 것,
'각자 각자가 본래의 양심만 잘 지켜' 낼 것,
'끝까지 목적 달성에 매진'하라고 당부하시고
그렇게 한다면 '우리의 대업은 원만히 성취될 줄로 확신'한다고
마음을 북돋아 주십니다.

소태산 대종사님은 '제불제성諸佛諸聖의 심인心印' - 「교리도」을 계승하려고
이 회상을 열었습니다.
이 법문은 그 계승과 발전을 위해서 어떤 각오를 해야 할지를 자세히 알려줍니다.
교단 구성원 모두 이 법문을 명심해야 목적과 사명을 완수할 수 있을 것입니다.

나의 마음공부

- 나는 '우리의 목적이 진실로 세상을 이익 주는 데에 있'다고 확신하나요?

- 나는 '우리의 교화가 참으로 제생의세에 필요하다'고 확신하나요?

- 나는 '모함과 박해'를 받아도 이 공부 이 사업을 꾸준히 진행할 수 있나요?

- 나는 '본래의 양심만 잘 지켜서 끝까지 목적 달성에 매진'할 수 있나요?

대종사 말씀하시기를
[모든 사업을 하는 데에 실패되는 원인이 세 가지가 있나니,
그 하나는 수고는 들이지 아니하고 급속히 큰 성공 얻기를 바람이요,
둘은 일의 본말과 선후 차서를 모르고 경솔하게 처사함이요,
셋은 일의 완성을 보기 전에 소소한 실패나 이익에 구애되어
결국 큰 실패를 장만함이니,
모든 사업을 경영하는 사람은 이 세 가지 점을 항상 조심하여야 되나니라.]

『대종경』「교단품」 28장

• **차서 次序** : 차례의 순서. 차례.

사업을 하는 데에 실패되는 원인　|풀이|

대종사 말씀하시기를
[모든 사업을 하는 데에 실패되는 원인이 세 가지가 있나니,

'모든 사업'이라고 할 때의 '사업'의 사전적 의미는
'어떤 일을 일정한 목적과 계획을 가지고 짜임새 있게 지속적으로 경영함.
또는 그 일.'입니다.
넓게 보면 모든 일을 의미하고,
통상적으로는 영리를 목적으로 하는 사업인 '영업'을 의미합니다.
교전에서는 교단의 일을 의미합니다.
소태산 대종사님은 '공부'의 상대 개념으로서 '사업'이란 표현을 즐겨 쓰셨습니다.

교단 초창기 저축조합을 만드실 때 '우리가 시작하는 이 사업은 보통 사람이 다 하는 바가 아니며'라거나,
법인기도 후 '그 끌림 없는 순일한 생각으로 공부와 사업에 오로지 힘쓰라'
- 「서품」14장,
'우리는 재가와 출가에 대하여 주객의 차별이 없이 공부와 사업의 등위만 따를 것이며,' - 「서품」18장 라고도 하셨습니다.

'우리가 건설할 회상은 과거에도 보지 못하였고 미래에도 보기 어려운 큰 회상이라, 그러한 회상을 건설하자면 그 법을 제정할 때에 도학과 과학이 병진하여 참 문명 세계가 열리게 하며, 동動과 정靜이 골라 맞아서 공부와 사업이 병진되게 하고, 모든 교법을 두루 통합하여 한 덩어리 한 집안을 만들어 서로 넘나들고 화하게 하여야 하므로, 모든 점에 결함됨이 없이 하려함에 자연 이렇게 일이 많도다.' - 「서품」8장라고 해서
'공부와 사업의 병진'을 말씀하시기도 했습니다.

이 밖에도 '이 공부 이 사업'이란 표현은 교전에 자주 등장합니다.
이 경우 '사업'은 교단의 모든 제도 사업을 의미하며 교리적으로는 '지은보은'의
'신앙' 행위를 의미합니다.
한편 '공부'는 상대적으로 '수행'을 의미한다고 볼 수 있습니다.
이사병행의 관점에서 보자면 '공부'를 잘해야 '사업'을 잘할 수 있고,
'사업'을 하면서도 '공부'를 잘해야 합니다.
이는 『정전』「사리연구」에서 '사事라 함은 인간의 시·비·이·해是非利害를 이름이요, 이理라
함은 곧 천조天造의 대소 유무大小有無를 이름'한다고 정의하고,
'이 세상은 대소 유무의 이치로써 건설되고 시비 이해의 일로써 운전해 가나니, 세상이 넓은 만큼 이치의 종류도 수가 없고, 인간이 많은 만큼 일의 종류도 한이 없나니라.'라고 하여 일과 이치, 즉 공부와 사업이 서로 맞물려 있음을 알려주십니다.

사리연구의 구경에 이르면 '이무애理無碍 사무애事無碍 하는 연구력' - 「서품」19장 을 얻게
되니, 이치에 밝은 공부인은 일에도 밝아 사업을 잘할 수 있게 됩니다.

이 법문에서 대종사님은 '모든 사업을 하는 데에 실패되는 원인'을 통해서
교단 사업 성공의 원리를 알려주십니다.

그 하나는 수고는 들이지 아니하고 급속히 큰 성공 얻기를 바람이요,

대종사님은 「전망품」9장에서 '노력 없이 성공을 바라는 무리'를 '낮도깨비'라고 칭하고, '세상의 모든 사물이 작은 데로부터 커진 것 외에는 다른 도리가 없나니, 그러므로 이소성대以小成大는 천리天理의 원칙이니라.'라고도 말씀하셨습니다.
수고 없이 큰 성공을 바라는 것은 인과의 이치에 맞지 않는 것입니다.
'성공'하려면 그만큼의 '수고'를 아끼지 않아야 합니다.

둘은 일의 본말과 선후 차서를 모르고 경솔하게 처사함이요,

일의 본말과 선후 차서次序를 안다는 것은 이치에도 밝음을 의미합니다.
이런 것을 모르고 일만 열심히 한다고 해서 성공할 수 있는 것이 아닙니다.
'응용하기 전에 응용의 형세를 보아 미리 연마하기를 주의할 것이요.'-「상시 응용 주의 사항」2조
라는 가르침과 같이 일에 착수하기 전에 일의 본말과 선후 차서를 연마해야 합니다.
'경솔'함이란 심신작용을 빨리 함을 의미하는 것이 아니라
법문과 같이 선후 본말 차서에 대한 연구 없이 취사하는 것이라고 할 수 있습니다.

셋은 일의 완성을 보기 전에 소소한 실패나 이익에 구애되어
결국 큰 실패를 장만함이니,

작은 성공들이 모여서 이뤄지는 성공이 있는가 하면,
작은 실패와 손해를 보는 과정을 통해서 얻어지는 성공도 있습니다.
일의 규모가 크고 소요 기간이 길수록 그 과정에서 많은 실패와 손해를 겪거나
소소한 이익을 얻을 수 있습니다.
'소소한 실패나 이익에 구애되'지 말고 성공할 때까지 정성스럽게 노력해야 합니다.
작은 실패에 연연해서 사업을 포기하거나,
작은 이익에 끌려서 사업을 그르치지 않아야 합니다.

모든 사업을 경영하는 사람은 이 세 가지 점을 항상 조심하여야 되나니라.]

인간의 삶은 크고 작은 일로 이뤄집니다.
교단사 역시 마찬가지입니다.
일, 사업을 잘해야 개인이나 교단이나 성공할 수 있습니다.
대종사님은 '우리가 건설할 회상은 과거에도 보지 못하였고 미래에도 보기 어려운 큰 회상이라, 그러한 회상을 건설하자면 그 법을 제정할 때에 두학과 과하이 병진히여 참 문명 세계가 열리게 하며, 동動과 정靜이 골라 맞아서 공부와 사업이 병진되게 하고, 모든 교법을 두루 통합하여 한 덩어리 한 집안을 만들어 서로 넘나들고 화하게 하여야 하므로, 모든 점에 결함됨이 없이 하려함에 자연 이렇게 일이 많도다.'-「서품」8장 라고 말씀

하셨습니다.
'자연 이렇게 일이 많도다' 라는 말씀이 의미심장합니다. 우리 교단의 사업이 특정 시기에 한정된 것이 아니고, 특정 규모와 종류에 한정된 것이 아님을 알 수 있습니다.
결국 '광대무량한 낙원'을 만드는 일이고, '참 문명 세계'를 건설하는 일이니 교단의 일은 무한정인 것입니다.
이런 일들은 실패해서는 안되는 일이고 반드시 성공시켜야 하는 성업인 것입니다.

대종사님은 평생 수많은 일을 행하시고 그 일들을 성공시켰습니다.
모든 일들을 직접 지도 감독하며 성공시키셨습니다.
제불제성 중에서 대종사님처럼 여러 가지 일을 많이 한 분은 매우 드문 것 같습니다.
이런 대종사님께서 제도 사업을 해나갈 제자들에게 실패하지 않도록 교훈을 주셨으니 반드시 유념해서 모든 사업을 성공시켜야겠습니다.

나의 마음공부

• 내가 성공시켜야 할 사업은 무엇인가요?

• 나는 혹시 '수고는 들이지 아니하고 급속히 큰 성공 얻기를 바라'나요?

• 나는 혹시 '일의 본말과 선후 차서를 모르고 경솔하게 처사'하나요?

• 나는 혹시 '일의 완성을 보기 전에 소소한 실패나 이익에 구애되어 결국 큰 실패를 장만'하지는 않나요?

• 사업에 실패했다면 그 원인을 정확히 알고 있나요?

• 나는 앞으로 해야 할 사업에 실패하지 않을 자신이 있나요? 있다면 그 자신감의 근거는 무엇인가요?

29

산업부에서 군郡 당국의 후원을 얻어 양계養鷄를 하는데
하루는 부주의로 닭장의 물난로가 터져 많은 병아리가 죽은지라,
담임 부원이 크게 놀라 바로 당국에 사유를 고하였더니,
담당 주임이 듣고 말하되
[당신들이 앞으로 양계에 큰 성공을 하려면
이보다 더 큰 실패라도 각오해야 할 것이니,
많은 닭을 기르자면 뜻밖의 재해災害와 사고로 손해를 보는 수도 많은 동시에
살려내는 방식도 또한 여러 가지가 있는데,
규모가 작은 때에 이러한 실패를 해보지 아니하면
규모가 커진 때에 큰 실패를 면하지 못하게 될 것이라,
그러므로 지금의 작은 손해는 후일의 큰 손해를 막는 산 경험이 될 것인즉
결코 실망하지 말고 잘해 보라.]하거늘,

부원이 돌아와 대종사께 아뢰었더니, 말씀하시기를
[그 주임의 말은 법문이로다.
옛말에 한 일을 지내지 아니하면 한 지혜를 얻지 못한다는 말이 있거니와,
이 작은 실패는 미래 성공의 큰 보감이 될 것이니
이것이 어찌 양계에만 한한 일이리요.
우리 교단에서도 공부와 사업을 하여 나가는데
잘된 일이 있어도 범연히 지내지 말고 잘못된 일이 있어도 범연히 지내지 말아서,
반드시 그 잘되고 못되는 원인을 살펴야 할 것이며,
또는 다른 종교들의 동정動靜을 잘 보아서 어떻게 하면 세상의 환영을 받으며,
어떻게 하면 세상의 배척을 받는가,

또 어떻게 하면 좋은 역사를 드러내어 천추에 좋은 이름을 전하게 되고,
어떻게 하면 나쁜 이름이 드러나서 오랜 세상에 더러운 역사를 끼치게 되는가를
잘 참조하여, 깨치고 또 깨치며 고치고 또 고쳐서,
언제든지 정당한 길만을 진행해 나간다면
개인·가정·사회·국가를 막론하고 대하는 곳마다 이익을 주어서
중인의 환영 받는 모범적 종교가 될 것이요,
만일 그러한 반성이 없이 되는 대로 진행한다면
결국 모든 허물이 생겨나서 세상의 용납을 얻지 못할 것이니
그 어찌 조심하지 아니하리요.]

『대종경』「교단품」29장

깨치고 또 깨치며 고치고 또 고쳐서 | 풀이 |

「교단품」28장의 '사업'에 관한 법문에 이어 실제 사례가 등장합니다.

산업부에서 군郡 당국의 후원을 얻어 양계養鷄를 하는데
하루는 부주의로 닭장의 물난로가 터져 많은 병아리가 죽은지라,
담임 부원이 크게 놀라 바로 당국에 사유를 고하였더니,

초창기 교단의 경제적 자립을 위해서 교단에선 여러 가지 사업을 시도했습니다.
농사와 축산, 엿장사 등을 하는 가운데 양계 사업도 했습니다.
병아리의 대규모 폐사에 대한 관계 공무원의 도움말이 소개됩니다.

담당 주임이 듣고 말하되
[당신들이 앞으로 양계에 큰 성공을 하려면
이보다 더 큰 실패라도 각오해야 할 것이니,
많은 닭을 기르자면 뜻밖의 재해災害와 사고로 손해를 보는 수도 많은 동시에
살려내는 방식도 또한 여러 가지가 있는데,
규모가 작은 때에 이러한 실패를 해보지 아니하면
규모가 커진 때에 큰 실패를 면하지 못하게 될 것이라,
그러므로 지금의 작은 손해는 후일의 큰 손해를 막는 산 경험이 될 것인즉
결코 실망하지 말고 잘해 보라.]하거늘,

담당 공무원은 여러 양계 농가의 다양한 사례를 접해보았을 것입니다.
매우 차분하게 자신의 의견을 제시합니다.
'큰 성공을 하려면 이보다 더 큰 실패라도 각오'하라고 주문합니다.
시행착오를 무릅쓰라는 충고입니다.

'일의 완성을 보기 전에 소소한 실패나 이익에 구애' 되지 말라는
「교단품」28장의 가르침과 일맥상통하는 말입니다.

부원이 돌아와 대종사께 아뢰었더니, 말씀하시기를
[그 주임의 말은 법문이로다.
옛말에 한 일을 지내지 아니하면 한 지혜를 얻지 못한다는 말이 있거니와,
이 작은 실패는 미래 성공의 큰 보감이 될 것이니
이것이 어찌 양계에만 한한 일이리요.

'작은 실패를 미래 성공의 큰 보감'으로 삼자는 말씀으로
제자들의 사업 실패를 긍정적으로 돌리십니다.
이서서 '양계'만이 아니라 사업 일반에 관해 가르침을 주십니다.

우리 교단에서도 공부와 사업을 하여 나가는데
잘된 일이 있어도 범연히 지내지 말고 잘못된 일이 있어도 범연히 지내지 말아서,
반드시 그 잘되고 못되는 원인을 살펴야 할 것이며,

'모든 일을 처리한 뒤에 그 처리건을 생각하여 보되, 하자는 조목과 말자는 조목에
실행이 되었는가 못 되었는가 대조하기를 주의할 것이니라.' - 「상시 응용 주의 사항」6조 라는
상시 훈련 공부와 상통하는 말씀입니다.
'범연히' 지내면 잘못된 일을 반복할 것입니다.
'범연히 지내지' 않는 공부기 '대조'하는 공부요 '유념' 공부라고 할 수 있습니다.
인과의 이치를 신앙한다면 '반드시 그 잘되고 못되는 원인을 살펴야 할 것' 입니다.
이렇게 '사업'을 추진하고 나서도 '공부'를 해야 이사병행이 되는 것입니다.
공부와 사업을 병진하는 요령을 알려주십니다.

또는 다른 종교들의 동정動靜을 잘 보아서 어떻게 하면 세상의 환영을 받으며,
어떻게 하면 세상의 배척을 받는가,

또 어떻게 하면 좋은 역사를 드러내어 천추에 좋은 이름을 전하게 되고,
어떻게 하면 나쁜 이름이 드러나서 오랜 세상에 더러운 역사를 끼치게 되는가를
잘 참조하여, 깨치고 또 깨치며 고치고 또 고쳐서,

'어떠한 원을 발하여 그 원을 이루고자 하거든 보고 듣는 대로 원하는 데에 대조하여
연마할 것이니라.'라는 「솔성요론」 16조를 생각나게 하는 대목입니다.
『정전』「사요」'공도자 숭배' 내용 중에서 '견문과 상식이 적었음'을
'과거 공도 사업의 결함 조목'으로 손꼽은 것과 상통하는 내용입니다.
다른 종교 사례에도 관심과 견문을 넓혀서 우리 교단 사업이 실패하지 않고
성공하도록 '깨치고 또 깨치'자고 배움을 강조하시고,
'고치고 또 고쳐서' 「참회문」의 내용과 같이 '새 생활을 개척'하자고 당부하십니다.
대종사님의 표현이 매우 평이한 듯 하지만 자세히 보면
'깨치고 또 깨치'는 것은 '공부'와 '이치'에 관한 것이라면,
'고치고 또 고치'는 것은 '사업'과 '일'에 관한 것이라고 할 수 있습니다.
'깨치고 또 깨치'는 공부의 과정은 '감각감상'으로 소득 삼고,
'고치고 또 고치'는 것은 '심신작용 처리건'으로 실행을 대조해야 할 것입니다.
평범한 말씀 같지만 그 안에는 공부와 사업이 하나로 병진되고 조화되기를 바라는
대종사님의 마음이 녹아 있습니다.
이렇게 사업을 진행한다면 일을 할수록 이치가 밝아지고 지혜가 계발되고 삼대력이
증진될 것입니다.
공부로 삼대력이 증진되면 진행하는 사업마다 성공하게 될 것입니다.

언제든지 정당한 길만을 진행해 나간다면
개인·가정·사회·국가를 막론하고 대하는 곳마다 이익을 주어서

'정당한 길'이란 '떳떳한 길', '당연한 길' 즉 '도', '인도'라고 할 수 있습니다.
또한 '이익'이란 '도'를 행한 결과로서 '덕'이라고 할 수 있습니다.
대종사님께서 '덕이라 하는 것은 쉽게 말하자면 어느 곳 어느 일을 막론하고 오직

은혜가 나타나는 것을 이름' –「인도품」2장 이라고 하신 바와 같이
'정당한 길만을 진행' 하니 '대하는 곳마다 이익을 주'게 되는 것입니다.
원인과 결과의 인과 관계가 명확한 말씀입니다.

중인의 환영 받는 모범적 종교가 될 것이요,

'개인·가정·사회·국가를 막론하고 대하는 곳마다 이익을 주'면
자연히 '중인'으로부터 '환영'을 받게 될 것입니다.
이 역시 명확한 인과의 이치입니다.
대종사님께서 꿈꾸신 '완전무결한 큰 회상', '모범적 종교'가 되는 이치를
간명하게 밝혀주신 법문입니다.

만일 그러한 반성이 없이 되는 대로 진행한다면
결국 모든 허물이 생겨나서 세상의 용납을 얻지 못할 것이니
그 어찌 조심하지 아니하리요.]

물론 이와 반대로 '되는 대로' 사업을 진행한다면
그 결과 역시 인과의 이치에 의해 반대로 나타날 것입니다.
'모든 허물이 생겨나서 세상의 용납을 얻지 못할 것'입니다.
일에 실패하지 않아야 하지만 실패에서 깨침을 얻지 못한다면 더 큰 실패입니다.
실패했어도 '깨치고 또 깨치며 고치고 또 고쳐서' 기어코 성공해내야 합니다.
이것이 우리 교단이 행하는 이시병행의 큰 공부입니다.

나의 마음공부

• 나는 실패했을 때 그 실패를 어떻게 극복하나요?

• 나는 '큰 성공'을 위해 실패를 각오할 수 있나요?

• 나는 '후일의 큰 손해를 막는 산 경험'을 해보았나요?

• 나는 혹시 '잘못된 일이 있어도 범연히 지내'고 있지 않나요?

• 나는 요즘 무엇을 '깨치고 또 깨치며' 어떻게 '고치고 또 고쳐서' 성공을 준비하고 있나요?

30

대종사 말씀하시기를
[세상의 모든 사물이 작은 데로부터 커진 것 외에는 다른 도리가 없나니,
그러므로 이소성대以小成大는 천리天理의 원칙이니라.
이 세상에 크게 드러난 모든 종교의 역사를 보더라도
처음 창립할 때에는 그 힘이 심히 미약하였으나
오랜 시일을 지내는 동안에 그 세력이 점차 확장되어
오늘날 큰 종교들이 되었으며 다른 모든 큰 사업들도 또한
작은 힘이 쌓이고 쌓인 결과 그렇게 커진 것에 불과하나니,

우리가 이 회상을 창립 발전시키는 데에도
이소성대의 정신으로 사심 없는 노력을 계속한다면
결국 무위이화無爲而化의 큰 성과를 보게 될 것이요,
또는 공부를 하는 데에도 급속한 마음을 두지 말고
스승의 지도에 복종하여 순서를 밟아 진행하고 보면
마침내 성공의 지경에 이를 것이나,

만일 그렇지 아니하고 어떠한 권도權道로 일시적 교세의 확장을 꾀한다든지
한 때의 편벽된 수행으로 짧은 시일에 큰 도력을 얻고자 한다면
이는 한갓 어리석은 욕심이요 역리逆理의 일이라,
아무리 애를 쓰되 헛되이 세월만 보내게 되리라.

그런즉, 그대들은 공부나 사업이나 기타 무슨 일이든지
허영심과 욕속심欲速心에 끌리지 말고
위에 말한 이소성대의 원칙에 따라
바라는 바 목적을 어김없이 성취하기 바라노라.]

『대종경』「교단품」 30장

- **이소성대 以小成大** : 작은 것을 모아서 큰 것을 이룬다는 뜻. 티끌모아 태산이라는 말과 같은 의미로 사용된다. 원불교 창립정신의 하나이다. 세상사가 모두 이소성대의 원리로 이루어지는 것이며 이를 천리의 원칙이라고 한다.

이소성대以小成大는 천리天理의 원칙 | 풀이 |

대종사 말씀하시기를
[세상의 모든 사물이 작은 데로부터 커진 것 외에는 다른 도리가 없나니,
그러므로 이소성대以小成大는 천리天理의 원칙이니라.

'이소성대以小成大는 천리天理의 원칙'
소태산 대종사님 고유의 명제 중 하나입니다.
이 역시 인과의 이치에 바탕한 말씀입니다.
작은 것(小)들이 모여서 큰 것(大)이 되는 이치를 '천리의 원칙'이라고 설하십니다.
인과의 이치와 마찬가지로 예외가 없습니다.

'세상의 모든 사물'이 '작은 데로부터 커진 것' 입니다.
'다른 도리가 없'다는 말은 예외가 없다는 말입니다.

이 세상에 크게 드러난 모든 종교의 역사를 보더라도
처음 창립할 때에는 그 힘이 심히 미약하였으나
오랜 시일을 지내는 동안에 그 세력이 점차 확장되어
오늘날 큰 종교들이 되었으며 다른 모든 큰 사업들도 또한
작은 힘이 쌓이고 쌓인 결과 그렇게 커진 것에 불과하나니,

'모든 사물' 중에서도 종교의 사례를 말씀하십니다.
'오늘날 큰 종교' 역시 이소성대의 이치로 이뤄졌음을 말씀하십니다.

우리가 이 회상을 창립 발전시키는 데에도
이소성대의 정신으로 사심 없는 노력을 계속한다면

결국 무위이화無爲而化의 큰 성과를 보게 될 것이요,

'회상을 창립'하는 사업도 마찬가지입니다.
'사심 없는 노력'을 모으고 모아 '이소성대의 정신'으로 진행한다면
인과의 이치에 의해서 '무위이화의 큰 성과'를 볼 수 있다고 말씀하십니다.

또는 공부를 하는 데에도 급속한 마음을 두지 말고
스승의 지도에 복종하여 순서를 밟아 진행하고 보면
마침내 성공의 지경에 이를 것이나,

공부도 마찬가지여서 '이소성대'의 정신으로 차근차근 순서를 밟으라고 하십니다.

만일 그렇지 아니하고 어떠한 권도權道로 일시적 교세의 확장을 꾀한다든지
한 때의 편벽된 수행으로 짧은 시일에 큰 도력을 얻고자 한다면
이는 한갓 어리석은 욕심이요 역리逆理의 일이라,
아무리 애를 쓰되 헛되이 세월만 보내게 되리라.

이소성대의 원칙을 무시하고 '권도로 일시적 교세의 확장을 꾀하'거나,
이소성대의 원칙을 벗어난 수행으로 '짧은 시일에 큰 도력을 얻고자' 해도
소기의 성과를 거둘 수 없다고 단언하십니다.
'이소성대는 천리의 원칙'이기 때문입니다.
천리를 거스르는 것은 '역리逆理'입니다.
'아무리 애를 쓰되 헛되이 세월만 보내게' 된다고 확언하십니다.
'생멸 없는 도와 인과보응되는 이치' 즉, 진리를 어기는 것이기 때문입니다.

그런즉, 그대들은 공부나 사업이나 기타 무슨 일이든지
허영심과 욕속심欲速心에 끌리지 말고
위에 말한 이소성대의 원칙에 따라

바라는 바 목적을 어김없이 성취하기 바라노라.]

'이소성대의 원칙'은 '천리의 원칙'입니다.
이 원칙에 따른 것이 '순리'요, 이를 어기는 것이 '역리'입니다.
대종사님은 '세상에 순리와 사실로 구하는 사람은 적고 역리와 허망하게 구하는 사람이 많은 것은 아직도 정법이 널리 미치지 못한 연고요, 일체 인류의 정신이 고루 깨치지 못한 까닭이라.' - 「인도품」10장 라고 말씀하신 바 있습니다.

'바라는 바 목적을 어김없이 성취하기 바라'는 사람이라면
'이소성대의 원칙'에 순응하면 됩니다.
그 결과는 '인과보응되는 이치' - 「서품」1장 가 알아서 보응해 줄 것입니다.

나의 마음공부

• '공부를 하는 데에도 급속한 마음을' 가지게 되면 어떻게 해야 할까요?

• '허영심과 욕속심'에 끌릴 때 어떻게 대처해야 할까요?

• '어떠한 권도(權道)로 일시적 교세의 확장을 꾀한다'면 그 결과는 어떨까요?

• 대종사님은 법문에서 '우리가 이 회상을 창립 발전시키는 데' 어떤 정신과 어떤 노력이 필요하다고 하셨나요?

대종사 말씀하시기를
[사람에게 큰일을 맡기려 함에
하늘에서 먼저 시험해 보는 이치가 있나니,
보통 사람도 하루 인부만 부리고 일 년 머슴만 두려 하여도
그 자격과 신용을 먼저 보거든
하물며 천하 대사를 맡기는 데 있어서리요.
그러므로, 큰일을 이루려는 사람은
먼저 마땅히 이 시험에 잘 통과하도록 조심하여야 하나니라.]

『대종경』「교단품」31장

하늘에서 먼저 시험해 보는 이치 | 풀이 |

대종사 말씀하시기를
[사람에게 큰일을 맡기려 함에
하늘에서 먼저 시험해 보는 이치가 있나니,
보통 사람도 하루 인부만 부리고 일 년 머슴만 두려 하여도
그 자격과 신용을 먼저 보거든
하물며 천하 대사를 맡기는 데 있어서리요.

대종사님께서는 교단사를 하는 사람들에 대해 말씀하십니다.
'하늘'의 시험이란 '진리'의 시험일 것입니다.
인부와 머슴을 예로 들어 시험을 피할 수 없음을 말씀하십니다.
'천하 대사'를 하려니 그에 맞는 '하늘'의 시험이 없을 수 없습니다.

대종사님은 방언 공사 후 지역 부호와 토지 소유권 문제로 갈등이 생겼을 때
'공사 중에 이러한 분쟁이 생긴 것은 하늘이 우리의 정성을 시험하심인 듯하니 그대들은 조금도 이에 끌리지 말고 또는 저 사람을 미워하고 원망하지도 말라.
사필귀정事必歸正이 이치의 당연함' - 「서품」9장 이라고 하늘의 시험을 말씀하신 바 있습니다.
토지 소유권 갈등이라는 경계를 단지 법적 소유권 다툼으로 보아 응하는 것과
'하늘의 시험'으로 받아들이는 것에는 근본적인 차이가 있습니다.
해결 방법의 취사선택에도 차이가 있을 수밖에 없습니다.

또한 법인기도 때는 '천지에 기도하여 천의에 감동이 있게 하여 볼지어다' - 「서품」12장
라고 말씀하신 바 있습니다.
하늘의 응답을 구하기 위한 기도였던 것입니다.
자발적으로 하늘의 시험에 응한 셈입니다.

그러므로, 큰일을 이루려는 사람은
먼저 마땅히 이 시험에 잘 통과하도록 조심하여야 하나니라.]

대종사님은 「천지은」 '천지 보은의 조목'에서 소위 '천지 8도'로
천지은에 보은하는 길, 방법을 여덟 가지로 밝혀주셨습니다.
어쩌면 이 여덟 가지 길이 '하늘의 시험'을 통과하는 방법일 것입니다.
막연한 경외의 대상으로만 하늘을 대할 것이 아니라
천지 피은, 천지 보은의 관점에서 하늘을 본다면 분명히 '시험'을 통과할
새로운 길과 방법을 찾을 수 있을 것입니다.

기본적으로 사은의 은혜를 깊이 느끼고 보은하는 신앙에 철저하고,
삼학의 마음공부로 마음의 힘을 갖춰야 '이 시험'을 통과할 수 있습니다.
이 시험에 통과하는 사람에게만 교단사라는 '큰일'이 맡겨지고,
이들만이 '큰일'의 보람과 기쁨을 느낄 자격이 있습니다.

나의 마음공부

- 내가 해본 일 중에 가장 '큰일'은 무엇인가요?

- 내가 하는 일이 '천하 대사'인가요?

- 나에게 해야 할 일 가운데 가장 '큰일'은 무엇인가요?

- 나는 대종사님께서 말씀하신 '큰일'을 하기 위해 어떤 '시험'을 통과했나요?

대종사 말씀하시기를
[큰 회상會上을 일어내는 데에는
재주와 지식과 물질이 풍부한 사람을 만나는 것도 물론 필요하나
그것만으로는 오직 울타리가 될 뿐이요,
설혹 둔하고 무식한 사람이라도
혈심血心 가진 참 사람을 만나는 것이 더욱 중요하나니,
그가 참으로 알뜰한 주인이 될 것이며 모든 일에 대성을 보나니라.]

『대종경』「교단품」 32장

혈심血心 가진 참 사람 | 풀이 |

대종사 말씀하시기를
[큰 회상會上을 일어내는 데에는
재주와 지식과 물질이 풍부한 사람을 만나는 것도 물론 필요하나
그것만으로는 오직 울타리가 될 뿐이요,

작은 회사나 단체를 조직하는 데도 여러 사람이 필요합니다.
각 분야별로 유능한 사람이 있어야 조직이 원활하게 운영됩니다.
회상도 마찬가지입니다.
재주 있는 사람, 지식이 풍부한 사람, 물질적으로 풍요로운 사람들이 필요합니다.
각자의 몫이 있기 때문입니다.
그런데 대종사님께서는 그런 사람들은 '큰 회상'을 만드는 데 있어서
'울타리가 될 뿐'이라고 말씀하십니다.
핵심이 아니고, 가장 중요한 요소가 아니라는 말씀입니다.

설혹 둔하고 무식한 사람이라도
혈심血心 가진 참 사람을 만나는 것이 더욱 중요하나니,
그가 참으로 알뜰한 주인이 될 것이며 모든 일에 대성을 보나니라.]

'큰 회상'을 건설하는 데는 '재주', '지식', '물질' 보다
'혈심血心'이 우선됨을 말씀하십니다.
혈심의 사전적 의미는 '진심에서 우러나오는 정성'입니다.
달리 해석하자면 '매우 간절한 마음, 절실한 마음'이 될 것입니다.

"대종사 사람을 쓰실 때에는 매양 그 신성과 공심과 실행을 물으신 다음 아는 것과

재주를 물으시니라."라는 「실시품」40장 법문을 참고한다면,
혈심의 필수 요소는 '신성과 공심과 실행'일 것입니다.

대종사님이 이루려는 '새 회상'은 어떤 이익 집단이나 친목 단체가 아닙니다.
한없는 헌신과 무아봉공이 요구되는 일입니다.
'우리가 시작하는 이 사업은 보통 사람이 다 하는 바가 아니며 보통 사람이 다 하지 못하는 바를 하기로 하면 반드시 특별한 인내와 특별한 노력이 있어야 할 것'-「서품」7장 이라고까지 말씀하신 이유입니다.
'혈심 가진 참 사람'이 회상의 '참으로 알뜰한 주인'이 될 것이고,
그런 사람이라야 '모든 일에 대성'을 하게 될 것입니다.

나의 마음공부

• 나는 우리 '회상을 일어내는 데' 어떤 역할과 기여를 하고 있나요?

• 나는 언제 '혈심'을 발휘했나요?

• 나는 우리 회상의 '참으로 알뜰한 주인'인가요?

• 나는 우리 회상의 '모든 일에 대성'을 볼 수 있는 사람인가요?

33

대종사 예회에서 대중에게 말씀하시기를
[오늘은 이 회상의 창조자創造者와 파괴자破壞者에 대하여
그 내용을 구분하여 주리니 잘 들으라.
이 회상의 창조자는 곧 정신·육신·물질의 세 방면으로
이 회상을 위하여 직접 노력도 하고 희사도 하는 동시에
예회도 잘 보고 정기 공부에도 성의가 있으며
집에서 경전 연습도 부지런히 하여 우리의 교리와 제도를 철저히 알아 가지고
자기의 실생활에 이 법을 잘 활용하여
어느 모로든지 다른 사람의 모범이 되어
은연중 이 회상의 발전에 공헌하는 사람이며,

파괴자는 곧 정신·육신·물질의 세 방면으로
이 회상에 직접 해독을 끼치는 동시에
예회에도 성의가 없고 정기 공부에도 취미를 얻지 못하여
종전의 악습을 하나도 고치지 못하고 계문을 함부로 범하며
당하는 대로 자행자지하여 자기에게나 남에게나 이익될 일은 하지 못하고
해독될 일만 행하여 이 회상의 명예를 손상하며 발전에 지장을 주는 사람이라.
그대들은 모름지기 이 점을 잘 알아서
혹시라도 이 회상의 파괴자는 되지 말고
훌륭하고 영원한 창조자의 공덕을 쌓기에 꾸준히 노력하라.]

『대종경』「교단품」33장

- **자행자지 自行自止** : 제멋대로 행하고 제멋대로 그침. 진리를 깨치지 못한 사람이 스스로를 깨친 것으로 잘못 알아서 함부로 제멋대로 행동하는 것을 말한다.

이 회상의 창조자와 파괴자 | 풀이 |

대종사 예회에서 대중에게 말씀하시기를
[오늘은 이 회상의 창조자創造者와 파괴자破壞者에 대하여
그 내용을 구분하여 주리니 잘 들으라.

원불교 회상에 동참했다고 해서 같은 목적 아래 같은 행동을 하는 것은 아닙니다.
사람마다 생각하는 목적이 다를 수 있고 행동도 다를 수 있습니다.
목적대로 교단에 도움을 주는 사람이 대부분이지만
한편으론 교단에 해를 끼치는 사람도 있습니다.
대종사님은 이들을 회상의 '창조자'와 '파괴자'로 크게 구분해서 평가하십니다.

이 회상의 창조자는 곧 정신·육신·물질의 세 방면으로
이 회상을 위하여 직접 노력도 하고 희사도 하는 동시에
예회도 잘 보고 정기 공부에도 성의가 있으며
집에서 경전 연습도 부지런히 하여 우리의 교리와 제도를 철저히 알아 가지고
자기의 실생활에 이 법을 잘 활용하여
어느 모로든지 다른 사람의 모범이 되어
은연중 이 회상의 발전에 공헌하는 사람이며,

'청조자'에 대해서 더 이상 부연할 필요가 없을 정도로 자세하게 설명해주셨습니다.
요약하자면, 이 공부 이 사업에 '모범'이 되는 사람입니다.
자신에게도 이롭고 회상 발전에도 '공헌' 하는 사람입니다.

파괴자는 곧 정신·육신·물질의 세 방면으로
이 회상에 직접 해독을 끼치는 동시에

예회에도 성의가 없고 정기 공부에도 취미를 얻지 못하여
종전의 악습을 하나도 고치지 못하고 계문을 함부로 범하며
당하는 대로 자행자지하여 자기에게나 남에게나 이익될 일은 하지 못하고
해독될 일만 행하여 이 회상의 명예를 손상하며 발전에 지장을 주는 사람이라,

'파괴자'는 '창조자'와는 정반대의 인물입니다.
요컨대, 공부도 못하고 사업도 '못하는' 사람입니다.
자신이나 타인에게 이익을 주지 못하고 회상 발전에도 '지장'을 주는 사람입니다.

그대들은 모름지기 이 점을 잘 알아서
혹시라도 이 회상의 파괴자는 되지 말고
훌륭하고 영원한 창조자의 공덕을 쌓기에 꾸준히 노력하라.]

'완전 무결한 큰 회상을 이 세상에 건설'하려는 대종사님 입장에서는
단 한 사람의 '창조자'가 아쉽습니다.
함께하는 모든 법연들이 회상의 '창조자'이길 원하십니다.
그들이 본의든 아니든 '파괴자'가 되지 않도록 구체적으로 지침을 주셨습니다.
누구든지 교단 구성원이라면 자신을 반조하는 기준으로 삼아야 할 법문입니다.

나의 마음공부

- 나는 회상의 '창조자'인가요, '파괴자'인가요?

- 법문 내용에 대조해서 자신을 평가해봅니다.

- 나는 '창조자'가 되기 위해 주로 어떤 노력해야 할까요?

- 나는 '파괴자'가 되지 않기 위해 주로 어떤 노력을 해야 할까요?

대종사 말씀하시기를
[이 회상을 창립하는 데에 길이 많으나 요령으로 열 한 조목을 들었나니
이에 의하여 앞으로 모든 창립 공로를 전형銓衡하리라.
첫째는, 정신과 육신을 전무출신함이요,
둘째는 물질을 많이 혜시함이요,
세째는 입교한 후 시종이 여일함이요,
네째는 경전 주해와 법설 기록을 많이 함이요,
다섯째는 규약과 계문을 잘 지킴이요,
여섯째는 무슨 방면으로든지 동지의 마음을 즐겁게 하여
공부와 사업에 전진이 있게 함이요,
일곱째는 무슨 방면으로든지 이 회상을 창립하기로만 위주함이요,
여덟째는 공익심을 주장함이요,
아홉째는 응용에 무념함이요,
열째는 악한 일로 유명한 사람이 입교한 후로 개과하여 모든 사람의 모범이 되며
자연히 여러 사람을 경계하고 권면함이요,
열한째는 무슨 방면으로든지 세상에 이름 있는 사람이 입교하여
자연히 모든 사람에게 권면이 되며 이 회상의 위치가 드러나게 함이니라.]

『대종경』「교단품」 34장

• 전형 銓衡 : 됨됨이나 재능 따위를 가려 뽑음. 또는 그런 일.

창립 공로　|풀이|

대종사 말씀하시기를
[이 회상을 창립하는 데에 길이 많으나 요령으로 열 한 조목을 들었나니
이에 의하여 앞으로 모든 창립 공로를 전형銓衡하리라.

「교단품」33장에서는 회상의 '창조자'와 '파괴자'를 구분했다면,
「교단품」34장에서는 창조자의 '창립 공로' 평가 기준을 제시해주십니다.

첫째는, 정신과 육신을 전무출신함이요,

정신과 육신으로 교단사에 오롯이 힘쓰는 전무출신을 하는 것을 첫째로 손꼽았으니
이것이 교단에 가장 큰 도움이 됨을 알 수 있습니다.
흔히 정신·육신·물질 세 가지를 언급하는데 여기서 물질이 빠진 이유는
전무출신의 경우에 '물질'을 따로 마련해서 희사할 수 없기 때문일 것입니다.
정신과 육신을 오롯이 공중사에 바치기 때문에 사적 재물을 모을 수 없는 것입니다.

둘째는 물질을 많이 혜시함이요,

앞에서 정신과 육신을 언급했다면 거기서 제외된 '물질'의 혜시惠施가 언급됩니다.
교단사에 경제적 토대는 매우 중요한 요소입니다.
물질적 혜시가 그만큼 어려움을 반증하는 조항이기도 합니다.

셋째는 입교한 후 시종이 여일함이요,

대종사님께서는 '보통 사람들은 어떠한 경계에 발심을 한 때에는 혹 하늘을 뚫는 신심

이 나는 듯하다가도 시일이 좀 오래되면 그 신심이 까라지는 수가 있'다고 하시며 신심이 변치 않아야 '가히 큰 공부를 성취'-「신성품」4장 한다고 설하셨습니다.
'시종이 여일' 하기가 어려움을 알 수 있는 법문입니다.
서원, 신심, 공부심, 공심이 시종일관해야 교단의 주인이라고 할 수 있습니다.

네째는 경전 주해와 법설 기록을 많이 함이요,

법문을 세상에 널리 알리는 것은 제도 사업, 교화 사업에 중요한 한 축입니다.
법을 전해서 불법을 대중화하고 생활화하려면 반드시 필요한 일입니다.
쉽지 않은 이런 일에 정성을 쏟은 이들을 높이 평가해주어야 합니다.

다섯째는 규약과 계문을 잘 지킴이요,

「상시 응용 주의 사항」에는
'3. 노는 시간이 있고 보면 경전·법규 연습하기를 주의할 것이요,
4. 경전·법규 연습하기를 대강 마친 사람은 의두 연마 하기를 주의할 것이요,' 라고
법규 연습하기를 훈련 과목으로 지정했습니다.
대종사님께서 얼마나 '법규'를 중시했는지를 알 수 있습니다.
계문도 법위 단계별로 30개를 정해주셨습니다.

규약과 계문을 잘 지키는 것은 '법률 보은' 입니다.
이를 잘 지키지 않는다면 교단의 '안녕 질서'는 지켜질 수 없습니다.
이를 위반한 경우 교단이 감당해야 할 후유증을 생각해보면 그 중요성을 알 수 있습니다.
특별한 일로 성과를 내는 것도 좋지만 겉으로 크게 드러나지 않아도
'규약과 계문을 잘 지킴' 그 자체가 교단에 큰 힘이 됨을 높이 평가해야 마땅합니다.

여섯째는 무슨 방면으로든지 동지의 마음을 즐겁게 하여

공부와 사업에 전진이 있게 함이요,

자신이 법열에 충만하면 그 기운이 주위로 퍼져 나갑니다.
자신부터 즐겁게 신앙하고 수행해야 주위로 은혜롭고 맑은 기운이 전해집니다.
함께하는 동지들이 그 기운에 감응할 때 서로 즐겁게 공부하고 보은하게 됩니다.
반드시 '공부와 사업에 전진이' 있을 수밖에 없습니다.

일곱째는 무슨 방면으로든지 이 회상을 창립하기로만 위주함이요,

「교단품」33장의 '이 회상의 창조자는 곧 정신·육신·물질의 세 방면으로 이 회상을 위하여 직접 노력도 하고 희사도 하는 동시에 예회도 잘 보고 정기 공부에도 성의가 있으며 집에서 경전 연습도 부지런히 하여 우리의 교리와 제도를 철저히 알아 가지고 자기의 실생활에 이 법을 잘 활용하여 어느 모로든지 다른 사람의 모범이 되어 은연중 이 회상의 발전에 공헌하는 사람'이라는 내용을 기준으로 삼으면 좋을 것입니다.

여덟째는 공익심을 주장함이요,

원불교 상시 훈련의 강령인 「일상 수행의 요법」의 마지막 조항이 바로 '9. 공익심 없는 사람을 공익심 있는 사람으로 돌리자.'이고, '무아봉공'이 「사대강령」의 마지막 조항인 것만 보아도 '공익심'의 중요성을 알 수 있습니다.
'대중에게 이익' - 「서품」9장 을 주고, '공중을 이익' - 「수행품」55장 주고, '사회에 이익' - 「인도품」40장 을 주기 위해 교단이 존재함을 잊지 말아야 합니다.

아홉째는 응용에 무념함이요,

대종사님은 「천지은」 '천지 보은의 조목'에서 '8. 천지의 응용 무념[應用無念]한 도를 체받아서 동정간 무념의 도를 양성할 것이며, 정신·육신·물질로 은혜를 베푼 후 그 관념과 상[相]을 없이 할 것이며, 혹 저 피은자가 배은 망덕을 하더라도 전에 은혜 베풀었다는 일로

인하여 더 미워하고 원수를 맺지 아니할 것이니라.'라고 설하셨습니다.
요컨대, 무상無相의 보은행을 하라는 가르침입니다.
주목할 점은 이 내용이 '천지 보은의 조목' 중에서 맨 끝에 위치해 있다는 사실입니다.
앞의 일곱가지 조목을 실행하되 이 모든 보은행을 '응용 무념한 도'로서 행하라는
가르침이라고 해석할 수 있습니다.
본 법문에서도 이 내용이 '아홉째'인 것도 마찬가지로 해석해도 될 것입니다.
앞에 언급한 내용대로 교단 창립에 헌신하되 '응용에 무념' 하라는 가르침일 것입니다.

열째는 악한 일로 유명한 사람이 입교한 후로 개과하여 모든 사람의 모범이 되며
자연히 여러 사람을 경계하고 권면함이요,

교단은 교화를 주된 목적으로 삼습니다.
교화는 다양하게 정의할 수 있습니다만, 이렇게 '악한 일로 유명한 사람'이
개과천선하여 '모든 사람의 모범'이 되는 일은 매우 성공적인 교화 사례입니다.
'여러 사람'에게 선한 영향을 미쳐서 교단 발전에 크게 기여하는 일이 됩니다.
참고로 언급하자면, 대종사님께서 그냥 '악인'이라고 하지 않으시고
'악한 일로 유명한 사람'이라고 하신 이유를 생각해보면,
혹시라도 '악인'으로 낙인을 찍는 게 될까봐 완곡한 표현을 사용하신 듯합니다.

열한째는 무슨 방면으로든지 세상에 이름 있는 사람이 입교하여
자연히 모든 사람에게 권면이 되며 이 회상의 위치가 드러나게 함이니라.]

직전의 내용이 '악한 일로 유명한 사람'의 경우라면,
이제는 '무슨 방면으로든지 세상에 이름 있는 사람'의 경우입니다.
소위 유명 인사가 입교하면 그 영향력이 크게 미칠 것입니다.

교단의 주인으로서 역할하고자 하는 사람들은 이 법문을 참고해서 교단 창립에
공헌해야겠습니다.

나의 마음공부

• 나의 '창립 공로를 전형' 해봅니다. (빈칸에 동그라미로 표시해봅니다.)

	창립 공로 전형 조목	그렇다	그런 편이다	보통 이다	아닌 편이다	그렇지 않다
1	정신과 육신을 전무출신함					
2	물질을 많이 혜시함					
3	입교한 후 시종이 여일함					
4	경전 주해와 법설 기록을 많이 함					
5	규약과 계문을 잘 지킴					
6	무슨 방면으로든지 동지의 마음을 즐겁게 하여 공부와 사업에 전진이 있게 함					
7	무슨 방면으로든지 이 회상을 창립하기로만 위주함					
8	공익심을 주장함					
9	응용에 무념함					
10	악한 일로 유명한 사람이 입교한 후로 개과하여 모든 사람의 모범이 되며 자연히 여러 사람을 경계하고 권면함					
11	무슨 방면으로든지 세상에 이름 있는 사람이 입교하여 자연히 모든 사람에게 권면이 되며 이 회상의 위치가 드러나게 함					

황정신행黃淨信行이 여쭙기를
[과거 부처님께서는 무념 보시無念布施를 하라 하시고
예수께서는 오른손으로 주는 것을 왼손도 모르게 하라 하셨사온데,
대종사께서는 사업 등급의 법을 두시어 모든 교도의 성적을 다 기록하게 하시니,
혹 사업하는 사람들의 계교심을 일으키는 원인도 되지 아니하오리까.]
대종사 말씀하시기를
[사업을 하는 당인들에 있어서는
마땅히 무념으로 하여야만 무루의 복이 쌓이려니와
공덕을 존숭尊崇하고 표창할 처지에서는
또한 분명하여야 하지 않겠는가.]

『대종경』「교단품」35장

- **무념보시 無念布施** : 사량계교심이 없이 텅 빈 허공 같은 마음으로 남에게 은혜를 베푸는 일. 내가 보시한다는 마음이나, 무엇을 보시한다는 생각이나, 누구에게 보시한다는 생각이 없이 곧 아무런 관념과 상相이 없이 허공 같은 마음으로 보시하는 것. 보시하는 사람이 무념으로 하여야만 무루의 복이 쌓여 영원한 은혜가 되고 영원한 복이 되어 결국 천지로 더불어 그 덕을 합하게 될 것(『대종경』「인도품」17장)이라고 한다.
- **계교심 計較心** : 계교하는 마음. 서로 견주어 살펴보는 마음. 계교심이 있으면 본래 마음이 흔들려서 사물이나 사람을 바로 보지 못하고 그릇된 판단을 하기 쉬우며, 특히 사람을 대할 때 사람을 목적으로 보지 못하고 자신의 이로움을 얻기 위한 수단으로 보게 된다.
- **무루 無漏** : 욕심과 정욕이 흘러나오는 것이 없음을 의미한다. 번뇌를 떠났다, 번뇌가 없다, 번뇌와 함께 있지 않다는 뜻으로 유루有漏에 상대되는 말이다. 누漏는 번뇌의 다른 이름.

무념 보시 無念布施 | 풀이 |

황 정신행黃淨信行이 여쭙기를
[과거 부처님께서는 무념 보시無念布施를 하라 하시고
예수께서는 오른손으로 주는 것을 왼손도 모르게 하라 하셨사온데,

여기 '무념보시'의 '무념無念'은 할 일을 잊어버림을 의미하는 무념이 아닙니다.
내가 누구에게 무언가를 베풀었다는 관념이나 상相 없음을 의미하는 무념입니다.
즉, 무념보시는 무상보시無相布施와 같은 의미입니다.
예수님의 말씀 역시 무념보시, 무상보시를 의미합니다.
내 마음 안에 '주었다', '베풀었다'는 마음이 없어야 함을 의미합니다.
옛 성현님들이 모두 같은 뜻의 말씀을 하셨던 것입니다.

대종사께서는 사업 등급의 법을 두시어 모든 교도의 성적을 다 기록하게 하시니,
혹 사업하는 사람들의 계교심을 일으키는 원인도 되지 아니하오리까.]

그런데 대종사님은 사업에 '등급'까지 두어서 평가하게 하시니
보시, 혜시를 하는 사람들이 '계교심'을 내지 않겠냐는 제자의 질문입니다.
무념보시를 장려하려면 그렇게까지 평가할 필요가 없지 않냐는 문제 제기입니다.

대종사 말씀하시기를
[사업을 하는 당인들에 있어서는
마땅히 무념으로 하여야만 무루의 복이 쌓이려니와
공덕을 존숭尊崇하고 표창할 처지에서는
또한 분명하여야 하지 않겠는가.]

대종사님께서는 입장과 처지에 따른 차이와 분별을 말씀하십니다.
보시를 하는 사람은 무념無念, 무상無相으로 보시해야 하지만,
보시를 받는 입장에서는 유념有念해야 한다는 응답입니다.
보시를 하는 사람은 무상으로 해서 무언가 보답을 바라는 마음도 없이
빈 마음으로 보시를 해야 하는 반면에,
보시를 받는 교단 입장에서는 그 보시의 은혜를 잊지 않아야 하고,
보은할 수 있도록 유념有念해야 한다는 가르침입니다.

다음은 참고할 만한 법문입니다.
"사람이 서로 사귀는데 그 좋은 인연이 오래 가지 못하는 것은 대개 유념할 자리에 유념하지 못하고 무념할 자리에 무념하지 못하는 연고이니, 유념할 자리에 유념하지 못한다는 것은 자기가 무슨 방면으로든지 남에게 은혜를 입고도 그 은혜를 잊어버리며 그에 따라 혹 은혜 준 처지에서 나에게 섭섭함을 줄 때에는 의리義理없이 상대하는 것 등이요, 무념할 자리에 무념하지 못한다는 것은 자기가 무슨 방면으로든지 남에게 은혜를 준 후에 보답을 바라는 마음이 있으며 저 은혜 입은 사람이 혹 나에게 잘못할 때에는 전일에 은혜 입혔다는 생각으로 더 미워하는 마음을 일어내는 것이라, 그러므로 그 좋은 인연이 오래 가지 못하고 도리어 원진怨瞋으로 변하여지는 것이니, 그대들은 이 이치를 잘 알아서 유념할 자리에는 반드시 유념하고 무념할 자리에는 반드시 무념하여 서로 사귀는 사이에 그 좋은 인연이 오래 가게 할지언정 그 인연이 낮은 인연으로 변하지 않도록 주의할지어다." - 「인도품」16장

이 법문에 의하면 대종사님께서는 '유념할 자리'와 '무념할 자리'를 유념해서 명확히 분별하신 것입니다.

나의 마음공부

• 내가 보시를 할 때 내 마음을 깊이 보나요?

• 법문의 '사람들의 계교심'이란 어떤 마음일까요?

• 내가 교단 사업을 위해 보시를 할 때 교단은 내게 어떻게 해주기를 바라나요?

• 무념보시를 하려면 어떻게 마음공부를 해야 할까요?

36

대종사 말씀하시기를

[그대들은 다 공도의 주인이 되라.

사가의 살림이나 사업은 크거나 작거나 간에

자기의 자녀에게 전해 주는 것이 재래의 전통적 관습으로 되어 왔으나,

공중의 살림과 사업은

오직 공변된 정신으로 공변된 활동을 하는 공변된 사람에게 전해지는 것이니,

그대들이 이 이치를 깨달아 크게 공변된 사람이 되고 보면

우리의 모든 시설과 모든 법도와 모든 명예가 다 그대들의 소유요

그대들의 주관할 바라

이 회상은 오직 도덕 높고 공심 많은 사람들이 주관할 세계의 공물公物이니

그대들은 다 이 공도의 주인이 되기에 함께 힘쓰라.]

『대종경』「교단품」 36장

- **공도 公道** : (1) 공평하고 바른 도리. 떳떳하고 당연한 이치. 어디에도 기울거나 굽히지 않고 전체를 포함한다는 의미로, 원근친소遠近親疎나 청탁淸濁이나 좌우左右나 선악善惡이나 이해利害 등 어느 한편에 기울면 공公이라고 할 수 없다. 따라서 공도公道라는 의미는 우선 어디에도 기울고 굽히는 바 없는 전체를 포용하는 큰 도道를 말하는 것으로 곧 음양상승의 도를 따라 나타나는 인과보응의 도와 춘하추동의 사시四時가 순환하는 도와 인생의 생로병사의 도는 원근친소나 시비이해를 초월하여 저절로 되어지는 바로 하늘의 공도이며 자연自然의 공도이다. (2) 공로公路↔사도私道.
- **공물 公物** : 공중公衆의 물건이라는 의미. 사회나 단체에 속하는 물건이나 시설은 모두 공물에 속하는 것으로 사회나 단체의 목적과 정한 바에 따라 사용되어야 하는 것이다. 비록 그 조직에서 책임이나 업무를 맡은 사람이라도 공물을 사사로운 목적을 위해 쓸 수는 없으며, 공물을 처분하거나 변통을 할 때도 개인적인 판단으로 할 수 없고 공의公議를 거쳐 하되 전체 대중에게 그 내역을 공개해야 한다. 일체생령을 제도하고 병든 사회를 치료하기 위해 이루어진 교단의 모든 시설과 모든 법도와 사업도 다 공물公物이다.
- **공변 公邊** : (1) 공평하고 정당하여 사사로움이나 어느 한편에 치우침이 없음. 공사公私와 정사正邪를 대조할 줄 알고 친소와 원근에 끌리지 아니하는 마음이다. (2) 진리의 한 속성. 진리는 공변되어 공평무사하고 정당한 것이다. 정산종사는 새 도운은 공변된 법이 주장하는 운수라 했다(『정산종사법어』「도운편」5장).

이 회상은 세계의 공물公物 | 풀이 |

대종사 말씀하시기를
[그대들은 다 공도의 주인이 되라.

공도公道의 사전적 의미는 '공평하고 바른 도리. 떳떳하고 당연한 이치'입니다.
「인도품」1장에 의하면 '도道'란 '길'이요, 사람으로서 '떳떳이 행할 수 있는 것',
'당연한 길'을 의미합니다.
여기서는 공적 의미를 강조하기 위해 '공도'라고 표현하셨습니다.
'진리' 그 자체를 '공도'로 보아도 될 것입니다.
대종사님은 이미 이 공도의 주인이 되는 방법, 길을 알려주셨습니다.
'공부의 요도'와 '인생의 요도'입니다.
삼학 팔조의 수행의 길, 사은 사요의 신앙의 길과 같습니다.
이 두 가지 길이 모두 공도의 주인이 되는 길입니다.
교단적으로 보자면 교단사를 하는 것이 공도를 행하는 것이 된다고 할 수 있습니다.
좀 더 구체적인 설명이 이어집니다.

사가의 살림이나 사업은 크거나 작거나 간에
자기의 자녀에게 전해 주는 것이 재래의 전통적 관습으로 되어 왔으나,
공중의 살림과 사업은
오직 공변된 정신으로 공변된 활동을 하는 공변된 사람에게 전해지는 것이니,

공도의 주인이 되려면
'공변된 정신'을 가져야 하고,
'공변된 활동'을 하는 '공변된 사람'이 되어야 합니다.
요컨대, '공변된 살림과 사업'을 하는 사람이 공도의 주인입니다.

빙공영사憑公營私하거나, 사사로움이 있으면 공도의 주인이라고 할 수 없습니다.
일원의 진리를 온전히 깨달아 진리의 공변됨을 체득하여
사은에 무아봉공의 보은행을 하는 사람이 '공도의 주인'이라고 할 수 있습니다.

그대들이 이 이치를 깨달아 크게 공변된 사람이 되고 보면
우리의 모든 시설과 모든 법도와 모든 명예가 다 그대들의 소유요
그대들의 주관할 바라
이 회상은 오직 도덕 높고 공심 많은 사람들이 주관할 세계의 공물公物이니
그대들은 다 이 공도의 주인이 되기에 함께 힘쓰라.]

이 회상의 주인은 누구일까요?
소태산 대종사님과 최초의 구인 제자를 비롯해서
수많은 출가 재가 교도들이 혈심을 바쳐서 이룬 이 교단의 주인은 누구일까요?
대종사님은 '이 회상'을 '세계의 공물'이라고 정의하십니다.
그 어떤 개인의 소유물이 아니란 말씀입니다.
개인의 것이 될 수도 없고 그래서도 안된다는 말씀입니다.
이 회상은 온 세상 사람들의 것이고 일체 생령들의 것이라는 말씀입니다.
사은의 공물公物인 것입니다.
이 회상, 이 교단의 존재 근거가 사은이고, 존재 목적도 사은을 위함이어야 합니다.
'사은四恩'은 '천지 만물 허공 법계'이니 소유자가 공空하고, 공公합니다.

이 회상은 '도덕 높고 공심 많은 사람들'이 주인이 되어
그들이 '주관'해야 할 '세계의 공물公物'인 것입니다.

'이 공부'를 잘해야 '도덕 높은' 사람이 될 것이고,
'이 사업'을 잘해야 '공심 많은' 사람이 되어 이 회상을 '주관'하는 주인이 될 수 있습니다.

교단 생활을 오래했다고 해서 진정한 주인인 것은 아닙니다.
'도덕'이 높아야 하고 '공심'이 많은 사람이어야 주인입니다.
교단의 문은 이런 인물들을 위해 늘 활짝 열려있어야 합니다.

나의 마음공부

• 나는 얼마나 '공변된 정신'을 가지고 있나요?

• 나는 얼마나 '공변된 활동'을 하고 있나요?

- 나는 얼마나 '공변된 사람'인가요?

- 나는 '공도의 주인'인가요?

37

대종사 일반 교무에게 훈시하시기를
[그대들은 이 혼란한 시기를 당하여
항상 사은의 크고 중하심을 참 마음으로 감사하는 동시에
일반 교도에게도 그 인식을 더욱 깊게 하여,
언제나 감사하는 생각을 가지고
그 정신이 온건穩健 착실한 데로 나아가게 할 것이며,

또는 근래 이 나라의 종교 단체들이
왕왕이 그 신자로부터 많은 재물을 거둬 들이고 집안 살림을 등한시하게 하여
일반 사회에 좋지 못한 영향을 미치게 하며,
수많은 비난 가운데 그 존속存續도 못 하게 된 일이 간혹 있었나니,
우리는 일반 교도로 하여금 각자 직업에 근실하게 하여
어떠한 사람이든지 우리 공부를 함으로부터 그 생활이 전보다 향상은 될지언정
못하지는 않도록 지도 권면할 것이며,

또는 세태가 점점 달라져서 남녀 사이의 엄격하던 장벽이 무너진 지 오래된 바에
이제 다시 장벽을 쌓을 것은 없으나 아무쪼록 그 교제에 신중을 다하여
교단의 위신에 조금이라도 손상됨이 없게 하라.
이 세 가지 조건을 주의하고 못 하는 데에 우리의 흥망이 좌우되리니
이 말을 범연히 듣지 말기 바라노라.]

『대종경』「교단품」 37장

우리의 흥망　| 풀이 |

엄혹한 일제 치하에서 가진 것 없이 출발한 교단은 운영에 어려움이 많았습니다.
일제는 틈만 나면 교단을 황도불교화하려고 집요하게 괴롭혔습니다.
신흥종교들이 물의를 빚으면 감시의 강도는 더 강해지곤 했습니다.
이런 시기에 소태산 대종사님께서 교무들에게 활동 지침을 훈시하십니다.

대종사 일반 교무에게 훈시하시기를
[그대들은 이 혼란한 시기를 당하여
항상 사은의 크고 중하심을 참 마음으로 감사하는 동시에
일반 교도에게도 그 인식을 더욱 깊게 하여,
언제나 감사하는 생각을 가지고
그 정신이 온건穩健 착실한 데로 나아가게 할 것이며,

대종사님은 세태가 혼란스러울수록 더욱 챙겨야 할 점을 가르쳐주십니다.
첫째는 교무들부터 사은에 감사하고 교도들도 그렇게 지도하라고 명하십니다.
상극의 기운이 가득한 세태에 오히려 감사생활을 제시한 것입니다.

또는 근래 이 나라의 종교 단체들이
왕왕이 그 신자로부터 많은 재물을 거둬 들이고 집안 살림을 등한시하게 하여
일반 사회에 좋지 못한 영향을 미치게 하며,
수많은 비난 가운데 그 존속存續도 못 하게 된 일이 간혹 있었나니,
우리는 일반 교도로 하여금 각자 직업에 근실하게 하여
어떠한 사람이든지 우리 공부를 함으로부터 그 생활이 전보다 향상은 될지언정
못하지는 않도록 지도 권면할 것이며,

둘째, 교도들이 '각자 직업에 근실' 하도록 지도하라고 명하십니다.
신흥종교 단체들이 혹세무민하여 재산을 탕진케 한다든지 가정사를 등한시하게 해서
크게 물의를 빚은 데 대한 경계입니다.
영육쌍전, 생활불교를 강조하는 원불교의 교법은 직업에 소홀함을 용납하지 않습니다.

또는 세태가 점점 달라져서 남녀 사이의 엄격하던 장벽이 무너진 지 오래된 바에
이제 다시 장벽을 쌓을 것은 없으나 아무쪼록 그 교제에 신중을 다하여
교단의 위신에 조금이라도 손상됨이 없게 하라.

셋째, 남녀 사이 교제에 신중하라는 가르침입니다.
교무는 물론 일반 교도들 모두가 유념해서 교단의 위신이 손상되지 않게 하라는
말씀입니다.
사실 그 당시 남녀 문제가 발생한다면 '교단의 위신'이 '손상' 되는 데 그치지 않고
교단의 존폐 문제가 되었을 것입니다.
그 당시만이 아니라 미래 교단을 위해서도 유념해야 할 내용입니다.

이 세 가지 조건을 주의하고 못 하는 데에 우리의 흥망이 좌우되리니
이 말을 범연히 듣지 말기 바라노라.]

두 번째, 세 번째 내용이 재와 색에 관한 경계이고 첫 번째가 감사 생활,
사은의 윤리에 대한 강조인 셈입니다.
상극의 기운이 가득했던 시절에 감사와 지은보은으로 상생의 동남풍을 불리고자 하신
대종사님의 처방이 의미심장합니다.

나의 마음공부

- 나는 평소에 얼마나 감사생활을 잘하고 있나요?

- 나는 평소에 얼마나 투명하고 건전한 경제 활동을 하고 있나요?

- 나는 평소에 얼마나 건전하게 남녀 교제를 하고 있나요?

- 나의 심신작용이 우리 회상의 흥망에 어떤 영향을 미치고 있을까요?

대종사 일반 교무에게 훈시하시기를
[교화선상에 나선 사람은 물질 주고받는 데에 청렴하며,
공금 회계를 분명하고 신속하게 할 것이요,
뿌리 없는 유언流言에 끌리지 말며,
시국에 대한 말을 함부로 하지 말며,
다른 종교나 그 숭배처를 훼방하지 말 것이요,
교도의 허물을 잘 덮어 주며,
아만심을 없이하여 모든 교도와 두루 융화하되
예에 맞지 않는 과공過恭도 없게 하며,
남녀 사이에는 더욱 조심할 것이요,
다른 이의 공은 잘 드러내어 주고 자기의 공은 과장하지 말며,
교도의 신앙을 자기 개인에게 집중시키지 말며,
그 사업심이 지방에 국한되지 않게 할 것이요,
또는 교무는 지방에 있어서 종법사의 대리라는 것을 명심하여,
그 자격에 오손됨이 없이 사명을 다해 주기 부탁하노라.]

『대종경』「교단품」 38장

- **대리代理** : 남의 일을 대신 처리함. 또는 그 사람.

종법사의 대리라는 것을 명심 | 풀이 |

대종사 일반 교무에게 훈시하시기를

교단에 사람이 많아짐에 따라 전문 교화자인 교무들이 배출되어
대종사의 대리인으로서 방방곡곡에서 교화 활동을 전개하게 되니
대종사님 입장에서는 보람과 기쁨이 큼과 동시에 여러 가지 걱정도 있었을 것입니다.
교무들이 현장에서 아무런 문제도 없이 교화를 잘해야 교단도 발전할 수 있기
때문입니다.
교무들의 활동 전반에 걸쳐 조심하고 유념해야 할 점을 설해주십시오.

[교화선상에 나선 사람은 물질 주고받는 데에 청렴하며,

첫째, 물질에 대한 청렴입니다.
받지 말아야 할 것을 받거나 주지 말아야 할 것을 주지 않아야 합니다.
기본적으로 탐심을 비워야 합니다.

공금 회계를 분명하고 신속하게 할 것이요,

둘째, 회계가 신속 정확해야 합니다.
회계가 불분명하거나 부정확하면 의심을 사게 됩니다.
회계만이 아니라 모든 신뢰를 함께 상실하게 되어 교무의 본분을 다하기 어렵습니다.
회계가 늦어지면 그 사이에 문제가 발생할 가능성이 매우 높습니다.
실무적으로는 모든 교당이나 기관의 회계는 가급적 매일 마감해야 합니다.

뿌리 없는 유언流言에 끌리지 말며,

셋째, 근거 없이 떠돌아다니는 말에 끌리지 않아야 합니다.
유언에 이끌리면 정사正邪의 분별이 흐려져서 불의에 빠지기 쉽고,
자칫하면 다른 사람에게도 근거 없는 말을 전해서 미혹迷惑에 빠지게 할 수 있습니다.
괜한 악업을 짓는 행위가 됩니다.

시국에 대한 말을 함부로 하지 말며,

넷째, 시국에 대한 말을 존절히 해야 합니다.
시국은 늘 변합니다.
시비는 늘 첨예하게 갈립니다.
시국에 대한 말을 하는 즉시 시비에 휘말릴 수 있습니다.
교화가 뒷전으로 밀릴 수 있습니다.
자칫하면 교무 개인만이 아니라 교단 전체가 시비에 시달릴 수 있습니다.
교무의 본분을 생각해서 처신해야 합니다.

다른 종교나 그 숭배처를 훼방하지 말 것이요,

다섯째, 타종교에 대한 예의를 갖추어야 합니다.
우리 교리 자체가 타 종교에 대해 포용적이어서 이런 일의 가능성은 적지만
대종사님께서 혹시라도 이런 일이 발생할까봐 주의를 주십니다.
훼방의 결과를 추측해본다면 이 말씀의 의도를 쉽게 알 수 있습니다.
종교간의 심각한 갈등을 유발할 수 있습니다.
반드시 유념해야 할 내용입니다.

교도의 허물을 잘 덮어 주며,

여섯째, 교도의 잘못을 드러내지 말아야 합니다.
교무는 교도의 신앙과 수행을 지도하고 도와주면서

문답 감정이나 상담도 해야 합니다.
교도의 허물을 덮어 주지 못한다면 교무의 역할을 할 수 없습니다.
대종사님은 「솔성요론」에서도 '다른 사람의 그릇된 일을 견문하여 자기의 그름은 깨칠지언정 그 그름을 드러내지 말 것이요'라고 설하신 바 있습니다.

아만심을 없이하여 모든 교도와 두루 융화하되
예에 맞지 않는 과공過恭도 없게 하며,

일곱째, 아만심을 내지 말고 과도한 공경도 조심해야 합니다.
'아만심我慢心을 내지 말며,'라는 가르침은 법마상전급 첫 번째 계문입니다.
속 깊은 마음공부를 위한 첫 번째 관문이라고 할 수 있습니다.
아만심은 굳은 분별심과 경계가 되어 교도와의 융화를 방해합니다.
교도와의 융화에 문제가 있다면 자신의 아만심을 성찰해야 합니다.
아만심이 자신을 과도하게 높이는 마음이라면
과공은 자신을 지나치게 낮추는 마음에서 나오는 행동입니다.
공자님은 과공비례過恭非禮, 과한 공경은 예가 아니라고 설한 바 있습니다.
둘 다 중도에 맞지 않습니다.

남녀 사이에는 더욱 조심할 것이요,

여덟째, 남녀 관계를 조심해야 합니다.
남녀 관계를 예절에 맞게 존절히 하지 않으면 개인적으로나 교난석으로 큰 물의를 일으키게 됩니다. 그 과보도 무거울 수밖에 없습니다.

다른 이의 공은 잘 드러내어 주고 자기의 공은 과장하지 말며,

아홉 번째 내용입니다.
다른 이의 공功에 공감하고 축하해주는 마음 씀씀이가 필요합니다.

다른 사람들의 공심도 진작할 수 있고 공도자 숭배도 될 것입니다.
반대로 자기가 자신의 공을 과장하거나 드러내려 한다면
다른 사람들의 마음을 가라앉게 할 수 있고 시기와 질투를 불러올 수 있습니다.
자신을 속이는 과보를 받게 됩니다.

교도의 신앙을 자기 개인에게 집중시키지 말며,

열 번째 내용입니다.
원불교는 진리를 신앙합니다.
하물며 소태산 대종사님도 흠모와 존경의 대상일지언정 신앙의 대상은 아닙니다.
'법신불 사은'을 신앙하도록 친절히 안내하는 역할에 충실해야 합니다.
신앙을 자신에게 집중시키는 일은 교단적으로나 교리적으로 맞지 않습니다.
원불교의 정체성을 의심하게 하는 매우 심각한 잘못입니다.

그 사업심이 지방에 국한되지 않게 할 것이요,

열한 번째 내용입니다.
사업을 장려하다 보면 아무래도 직접 눈에 보이는 급한 일에 치우치기 쉽습니다.
하지만 교단적으로 보면 교단 전체의 사업이 고르게 균형적으로 발전해야 합니다.
공사를 통해서 보은하고 복을 짓는다는 관점에서 보더라도
규모가 크고 더 시급한 사업에 관심을 갖도록 할 필요가 있습니다.
공변된 마음으로 교단사업에 합력해서 중앙과 맥을 튼튼히 해야 합니다.

또는 교무는 지방에 있어서 종법사의 대리라는 것을 명심하여,
그 자격에 오손됨이 없이 사명을 다해 주기 부탁하노라.]

열두 번째 유념 사항입니다.
교무가 지방에서 홀로 교화하더라도 그 마음가짐은 '종법사의 대리'여야 합니다.

다른 말로 하자면 교무는 자신이 '소태산 대종사님을 대신한다'라는
마음과 태도를 가져야 한다는 것입니다.
공부 실력도 대종사님 수준으로 끌어올려야 하고 사업도 대종사님의 역량을 갖추도록
서원해야 합니다. 용심법, 운심처사도 대종사님과 같이 하려고 정성을 다해야 합니다.
매우 버거운 주문이지만 이런 마음과 태도를 가져야 교단에 누가 되지 않고,
자신도 발전하고 교단과 세상에 유익을 주고 보은하는 교무가 될 수 있습니다.
교무들은 위 내용들이 대종사님께서 교무들에게 내려주신 계문이라고 생각하고
반드시 지켜나갈 필요가 있습니다.

나의 마음공부

• 교화자로서 명심할 내용을 스스로 점검해봅니다.
(교무가 아니어도 재가 교역자라면 점검해봅니다. 빈칸에 동그라미로 표시.)

	교화선상의 교무들이 명심할 사항	그렇다	그런 편이다	보통 이다	아닌 편이다	그렇지 않다
1	물질 주고받는 데에 청렴하며,					
2	공금 회계를 분명하고 신속하게 할 것이요,					
3	뿌리 없는 유언流言에 끌리지 말며,					
4	시국에 대한 말을 함부로 하지 말며,					
5	다른 종교나 그 숭배처를 훼방하지 말 것이요,					
6	교도의 허물을 잘 덮어 주며,					
7	아만심을 없이하여 모든 교도와 두루 융화하되 예에 맞지 않는 과공過恭도 없게 하며,					
8	남녀 사이에는 더욱 조심할 것이요,					
9	다른 이의 공은 잘 드러내어 주고 자기의 공은 과장하지 말며,					
10	교도의 신앙을 자기 개인에게 집중시키지 말며,					
11	그 사업심이 지방에 국한되지 않게 할 것이요,					
12	교무는 지방에 있어서 종법사의 대리라는 것을 명심하여, 그 자격에 오손됨이 없이 사명을 다해 주기 부탁하노라.					

교단품

대종사 연도^{年度} 말에는 조갑종^{趙甲鍾}등을 부르시어
당년도 결산과 신년 예산을 정확히 하여 오라 하시고
세밀히 친감하시며 말씀하시기를
[한 가정이나 단체나 국가가 수입과 지출이 맞지 못하면
그 가정 그 단체 그 국가는 흥왕하지 못하나니,
과거 도가에서는 재물을 논하면 도인이 아니라 하였지마는
새 세상의 도가에서는 영육을 쌍전해야 하겠으므로
우리 회상에서는 총·지부를 막론하고
회계 문서를 정비시켜 수입과 지출을 대조하게 함으로써
영과 육 두 방면에 결함됨이 없게 하였으며,
교단 조직에 공부와 사업의 등위를 같이 정하였나니라.]

『대종경』「교단품」39장

수입과 지출을 대조 | 풀이 |

대종사 연도^{年度} 말에는 조갑종^{趙甲鍾}등을 부르시어
당년도 결산과 신년 예산을 정확히 하여 오라 하시고
세밀히 친감하시며 말씀하시기를

제자 조갑종에 대해서 『원불교대사전』은 '1927년(원기12)에는 소태산의 명령으로 서울에 가서 부기학원에서 6개월간 부기법^{簿記法}을 배우고 돌아와 총부 서무부에 근무하면서 각종 문서의 사무적 기틀을 잡기 시작했다.'라고 기록했습니다. 초기 교단의 회계 업무에 전문성을 높이기 위해서 대종사님께서 특별히 양성한 인재라고 볼 수 있습니다. 교단의 체계가 잡히기 전까지는 회계 담당자로부터 일일이 예결산을 보고 받으셨음을 알 수 있습니다.

[한 가정이나 단체나 국가가 수입과 지출이 맞지 못하면
그 가정 그 단체 그 국가는 흥왕하지 못하나니,

『대종경』 곳곳에서 대종사님의 투명하고 정확한 회계 관리에 관한 내용을 접할 수 있습니다. 특히 「실시품」 14장에는 교단의 철두철미한 회계에 관한 내용이 기록되어 있습니다.
"당시의 신흥 종교들 가운데에는 재^財와 색^色 두 방면의 사건으로 인하여 관청과 사회의 이목을 집중시킨 일이 적지 아니한지라, 모든 종교에 대한 관변의 간섭과 조사가 잦았으나 언제나 우리에게는 털끝만한 착오도 없음을 보고, 그들이 돌아가 서로 말하기를 [불법연구회^{佛法研究會}의 조직과 계획과 실천은 나라를 맡겨도 능란히 처리하리라.] 한다 함을 전하여 들으시고, 대종사 말씀하시기를 [참다운 도덕은 개인·가정으로부터 국가·세계까지 다 잘 살게 하는 큰 법이니, 세계를 맡긴들 못 할 것이 무엇이리요.]"

과거 도가에서는 재물을 논하면 도인이 아니라 하였지마는
새 세상의 도가에서는 영육을 쌍전해야 하겠으므로
우리 회상에서는 총·지부를 막론하고
회계 문서를 정비시켜 수입과 지출을 대조하게 함으로써
영과 육 두 방면에 결함됨이 없게 하였으며,

대종사님은 『정전』에서 영육쌍전에 대해서
"과거에는 세간 생활을 하고 보면 수도인이 아니라 하므로 수도인 가운데 직업 없이 놀고 먹는 폐풍이 치성하여 개인·가정·사회·국가에 해독이 많이 미쳐 왔으나, 이제부터는 묵은 세상을 새 세상으로 건설하게 되므로 새 세상의 종교는 수도와 생활이 둘이 아닌 산 종교라야 할 것이니라. 그러므로, 우리는 제불 조사 정전正傳의 심인인 법신불 일원상의 진리와 수양·연구·취사의 삼학으로써 의·식·주를 얻고 의·식·주와 삼학으로써 그 진리를 얻어서 영육을 쌍전하여 개인·가정·사회·국가에 도움이 되게 하자는 것이니라." -「영육쌍전법靈肉雙全法」 라고 설하셨습니다.

'영육쌍전'이란 개념으로 '수도와 생활이 둘이 아닌 산 종교'를 지향한 것입니다.
이 관점에서 보자면 종교가라고 해서 수입과 지출을 소홀히 한다는 것은 있을 수 없는 일입니다. 오히려 삼학 수행으로 얻은 삼대력을 사업과 생활에 십분 활용해야 합니다. 회계를 철저히 해야 함은 물론입니다.

교단 조직에 공부와 사업의 등위를 같이 정하였나니라.]

따라서 이렇게 공부와 사업을 병행한 성과를 '공부 성적', '사업 성적' 제도로 객관적으로 평가하도록 한 것입니다.
과거의 종교들이 대개 수행이나 공부에 치중했다면 소태산 대종사님의 새 종교, 새 회상에선 사업도 병행한 것입니다.

이를 교리적으로 강연히 나눠본다면 이렇게 도식화할 수 있습니다.

수행	공부	이	삼학	정기 훈련	동	불법시 생활	영	무시선 무처선	도학	정신
신앙	사업	사	사은	상시 훈련	정	생활시 불법	육	처처불상 사사불공	과학	물질

여기서 병행과 병진의 교리가 나오게 됩니다.
신앙과 수행, 공부와 사업의 병행, 이사병행, 동정일여, 영육쌍전, 도학과 과학의 병진, 물질이 개벽되니 정신을 개벽하자 등이 모두 상대적 개념의 병행과 조화를 통한 중도와 원만함을 지향합니다.

공부만 하기도 어려운데 사업까지 잘하라고 하느냐고 생각할 수 있지만,
그런 생각은 과거 선천 시대의 낡은 생각입니다.
'공부'가 무엇인지, 무엇을 위한 공부인지를 모르기 때문에 하는 생각입니다.
그렇게 한편에 치우친 생각으로는 '광대무량한 낙원'을 건설할 수 없습니다.

공부를 잘하려니 사업을 잘해야 하고, 사업을 잘하려니 공부를 잘해야 합니다.
'불법시생활 생활시불법'이란 교리 표어도 이를 잘 나타내고 있습니다.
이것이 원만한 도입니다.

나의 마음공부

- 나는 가정과 직장에서 당년도 결산과 신년 예산을 정확히 처리하고 있나요?

- 나는 회계 규정에 따라 수입과 지출을 정확히 처리하고 있나요?

• 나는 나의 공부 성적과 사업 성적을 잘 알고 있나요?

• 나는 '영육쌍전'을 얼마나 잘하고 있나요?

대종사 교무들에게 말씀하시기를
[중생을 위하여 말을 하고 글을 쓸 때에 공연히 그들의 환심만을 얻기 위하여,
실생활에 부합되지 않는 공론空論이나,
사실에 넘치는 과장이나,
공교하고 신기하고 어려운 말이나,
수행상 한편에 치우치는 말 등을 하지 말라.
그러한 말은 세상에 이익도 없고 도인을 만들지도 못하나니라.]

『대종경』「교단품」40장

- 환심歡心 : 기쁘고 즐거운 마음.
- 공교工巧하다 : 솜씨나 꾀 따위가 재치가 있고 교묘하다. 생각지 않거나 뜻하지 않았던 사실이나 사건과 우연히 마주치는 것이 매우 기이하다.
- 신기神奇하다 : 믿을 수 없을 정도로 색다르고 놀랍다.

말을 하고 글을 쓸 때 | 풀이 |

대종사 교무들에게 말씀하시기를
[중생을 위하여 말을 하고 글을 쓸 때에 공연히 그들의 환심만을 얻기 위하여,

교무들은 주로 교화를 목적하고 다양한 활동을 합니다.
교화 활동은 기본적으로 말과 글로 이뤄지는데,
자칫하면 교화 대상자의 환심을 사기 위해서 말과 글에 사심이 들어갈 수 있습니다.
인기에 영합하는 말과 글이라고 할 수 있습니다.
교화의 방편이라도 본래 목적을 벗어나지 않아야 함을 유념해야 합니다.

실생활에 부합되지 않는 공론空論이나,

실생활에 활용할 수도 없고, 실생활로부터 괴리된 말과 글을 멀리해야 합니다.
'불법시생활 생활시불법'이란 교리 표어에 충실해야 합니다.
불법을 활용해서 생활을 더 잘할 수 있어야 하고,
생활 속에서 불법을 공부할 수 있어야 합니다.
괜한 공리공론에 빠지지 말아야 합니다.

사실에 넘치는 과장이나,

대종사님은 '사실'을 매우 중시하십니다.
『정전』「개교의 동기」에서 '사실적 도덕의 훈련'이라고 표현하시거나
'사실과 허위' - 「사리연구」
'사실적인 동시에 반드시 성공하는 법' - 「불공하는 법」
'일과 이치를 연구하여 허위와 사실을 분석하며' - 「최초법어」 '수신의 요법'

'사실 불공' – 「서품」18장
'미신적 신앙을 돌려 사실적 신앙을 하게 한 것이니라.' – 「교의품」4장
'우주 만유 전체가 죄복을 직접 내려주는 사실적 권능이 있는 것' – 「교의품」8장
'일원상을 모시고 죄복의 출처를 사실적으로 해석하여 가르치는 것' – 「교의품」10장
이 밖에도 교전 곳곳에서 '사실'이란 표현을 자주 쓰십니다.
대종사님은 '사실에 넘치는 과장'을 용납하지 않으십니다.
사실이어야 진리를 나타낼 수 있기 때문입니다.

공교하고 신기하고 어려운 말이나,

여기서 쓰인 '공교^{工巧}'와 '신기^{神奇}'는 부정적으로 쓰였습니다.
인과의 이치를 벗어나거나 합리적으로 이해할 수 없는 공교로움과 신기함을
말씀하신 듯합니다.
자칫하면 신자들이 이적이나 신비함을 좇도록 할 수 있습니다.
대도 정법은 공교로움, 신기함과 멀리 있습니다.

또한 이왕이면 말과 글은 쉬워야 합니다.
쉬워야 공감하고 이해할 것이고 그래야 교화가 가능할 것이기 때문입니다.
대종사님은 '천지은'을 설명하시면서,
'우리가 천지에서 입은 은혜를 가장 쉽게 알고자 할진대 (중략) 아무리 천치^{天痴}요 하우자^{下愚者}라도 천지 없어서는 살지 못할 것을 다 인증할 것이다.'라고 기술하셨습니다.
'가장 쉽게', '천치^{天痴}요 하우자^{下愚者}라도'라는 표현은 가장 쉬운 말과 글을 대변하고
있습니다.

수행상 한편에 치우치는 말 등을 하지 말라.

대종사의 수행론의 핵심은 삼학 병진의 원만한 수행입니다.
원만한 인격을 지향하기 때문입니다.

반대로 편수를 매우 꺼리고 금하십니다.
편벽된 인격이 되기 때문입니다.

'그러므로, 부처님의 무상 대도에는 변함이 없으나 부분적인 교리와 제도는 이를 혁신하여, 소수인의 불교를 대중의 불교로, 편벽된 수행을 원만한 수행으로 돌리자는 것이니라.' - 「서품」16장

'나의 법은 인도상 요법$_{人道上要法}$을 주체삼아 과거에 편벽된 법을 원만하게 하며 어려운 법을 쉽게 하여 누구나 바로 대도에 들게 하는 법' - 「수행품」41장 과 같은 여러 법문들이 원만한 수행을 강조하고 있습니다.

그러한 말은 세상에 이익도 없고 도인을 만들지도 못하나니라.]

'천만 방편으로 수기응변하여 교화하되 대의에 어긋남이 없고'라는 「법위등급」'대각여래위' 조항과 대조하자면 '그러한 말'들은 모두 '대의에 어긋난' 말인 것입니다.
'그러한 말'들로는 세상에 해를 미치고 원만한 인격 완성에도 실패할 수밖에 없습니다.

나의 마음공부

• 나는 혹시 괜히 '실생활에 부합되지 않는 공론空論'을 자주 하나요?

• 나는 '사실에 넘치는 과장'을 하는 편인가요?

• 나는 '공교하고 신기하고 어려운 말'을 자주 하나요?

• 나는 '수행상 한편에 치우치는 말'을 하나요?

대종사 말씀하시기를
[대중을 인도하는 사람은
항상 대중의 정신이 어느 곳으로 흐르는가를 자세히 살펴서,
만일 조금이라도 좋지 못한 풍기가 생기거든 그 바로잡을 방책을 연구하되,
말로써 할 일은 말로써 하고 몸으로써 할 일은 몸으로써 하여
어떻게 하든지 그 전환에 노력할 것이니,
가령 일반의 경향이 노동을 싫어하는 기미가 있거든
몸으로써 노동하여 일반의 경향을 돌리고,
아상이나 명리욕이 과한 사람에게는
몸으로써 굴기 하심屈己下心을 나타내어
명리욕 가진 사람이 스스로 부끄러운 마음을 내도록 하여
모든 일을 그와 같이 앞서 실행해서
그 폐단을 미연未然에 방지하고 기연旣然에 교정하는 것이
이른바 보살의 지도 법이며 중생을 교화하는 방편이니라.]

『대종경』「교단품」 41장

보살의 지도 법 | 풀이 |

대종사 말씀하시기를
[대중을 인도하는 사람은
항상 대중의 정신이 어느 곳으로 흐르는가를 자세히 살펴서,

'대중을 인도하는 사람'은 '지도인', '교화자', '교무', '전무출신'
또는 '불보살'이라고 할 수 있습니다.
제생의세濟生醫世를 사명으로 삼는 불보살은
'항상 대중의 정신이 어느 곳으로 흐르는가'를 살펴야 합니다.
의사가 환자의 증세를 늘 살피는 것과 같습니다.
어디가 어떻게 아픈지, 왜 병이 났는지를 살피고 진단해야 합니다.
그래야 알맞은 처방와 치료를 할 수 있기 때문입니다.
대중들의 정신이나 마음이 요란하면 고요하도록 이끌어주어야 하고,
그들의 마음이 어둡고 어리석으면 밝고 지혜롭도록 이끌어주어야 하며,
그들의 마음씀씀이가 바르지 못하면 바르고 정의롭도록 지도해야 합니다.
은혜를 모르고 배은을 하면 은혜를 느껴서 보은하도록 가르쳐야 합니다.
이런 일들이 바로 '교화'라고 할 수 있습니다.
그들의 마음과 정신의 흐름을 늘 유심히 관찰해야 가능합니다.

만일 조금이라도 좋지 못한 풍기가 생기거든 그 바로잡을 방책을 연구하되,

마음과 정신을 어떻게 '바로잡을' 것인지 '방책을 연구'해야 합니다.
의사가 환자를 치료하려면 치료법이나 약재가 필요할 것과 같습니다.
이왕이면 '천만 방편'을 활용할 수 있으면 가장 바람직할 것입니다.

말로써 할 일은 말로써 하고 몸으로써 할 일은 몸으로써 하여
어떻게 하든지 그 전환에 노력할 것이니,

요란한 마음을 고요하게,
어리석은 마음을 지혜롭게,
그른 마음을 정의롭게 '전환' 시킬 수 있어야 합니다.
원망과 배은의 삶을 감사와 보은의 삶으로 '전환' 시킬 수 있어야 합니다.
죄고에서 복락으로,
미혹됨에서 깨달음으로,
악도에서 선도로 대중들의 삶을 '전환' 시켜야 합니다.
그렇게 하기 위해서 '말'이나 '몸'으로 할 수 있는 노력을 다해야 합니다.
이것이 교화자, 불보살의 사명입니다.

가령 일반의 경향이 노동을 싫어하는 기미가 있거든
몸으로써 노동하여 일반의 경향을 돌리고,
아상이나 명리욕이 과한 사람에게는
몸으로써 굴기 하심屈己下心을 나타내어
명리욕 가진 사람이 스스로 부끄러운 마음을 내도록 하여

대종사님께서 하신 말씀을 예를 들어서 다시 풀어주십니다.
'노동을 싫어하는 기미'를 감지하면 노동으로 솔선수범하고,
'명리욕'이 과한 경우에는 자신을 낮추는 솔선수범으로 교화하라고 알려주십니다.
정해진 답이 있다기보다는 '천만 방편으로 수기응변하여 교화'-「법위등급」'대각여래위'
해야 합니다.
그렇게 교화하되 '대의에 어긋남이 없고 교화받는 사람으로서 그 방편을
알지 못하게'-「법위등급」'대각여래위' 할 수 있다면 부처님의 경지라고 할 수 있습니다.

모든 일을 그와 같이 앞서 실행해서
그 폐단을 미연未然에 방지하고 기연旣然에 교정하는 것이
이른바 보살의 지도 법이며 중생을 교화하는 방편이니라.]

보살이 대중들의 마음과 정신의 흐름을 '자세히 살펴서' 지도하되
이왕이면 잘못이 발생하기 전에 미리 대처해서 '미연未然'에 '방지'하면 더 좋고,
이미 발생했다면, 즉 '기연旣然'에는 '교정'하는 데 힘써야 합니다.
이런 교화 방편에 능해야 지도력 있는 보살이라고 할 수 있습니다.
지도인 또는 지도인이 되려는 사람은 반드시 유념해야 할 법문입니다.

나의 마음공부

• 나는 '항상 대중의 정신이 어느 곳으로 흐르는가를 자세히 살피'고 있나요?

• 대중의 정신에 '좋지 못한 풍기'가 생기면 이를 '바로잡을 방책'을 연구하나요?

• 나는 대중들의 마음이 바람직하게 '전환' 되도록 노력하나요?

• 나는 대중들의 정신적 폐단을 '미연에 방지'할 역량을 갖추었나요?

• 나는 대중들의 정신적 폐단을 '기연에 교정'할 역량을 갖추었나요?

대종사 말씀하시기를
[어느 시대를 물론하고 새로운 회상을 세우기로 하면
근본적으로 그 교리와 제도가 과거보다 우월하여야 할 것은 말할 것도 없으나
그 교리와 제도를 널리 활용할 동지들을 만나지 못하면
또한 성공하기가 어렵나니라.
그러므로, 과거 부처님 회상에서도 천 이백 대중 가운데 십대 제자가 있어서
각각 자기의 능한 대로 대중의 표준이 되는 동시에
부처님이 무슨 말씀을 내리시면 그 분들이 먼저 반가이 받들어
솔선 실행하며 여러 사람에게도 장려하여 각 방면으로 모범적 행동을 하였으므로
대중은 항상 십대 제자의 정신에 의하여 차차 교화의 힘을 입어서
마침내 영산 대 회상을 이루게 되었나니,

이제 십대 제자의 교화한 예를 들어 말하자면,
가령 대중 가운데 어떤 사람이 잘못하는 일이 있는데
직접 잘못을 꾸짖으면 도리어 역효과를 내게 될 경우에는
십대 제자 중 이·삼인이 조용히 의논하고 그 중 한 사람이 일부러 그 잘못을 하면
곁에서 보던 한 사람은 그 사람을 불러 놓고 엄중히 훈계를 하고
그 사람은 순순히 그 과실을 자백하여 감사한 태도로 개과를 맹세한 후
그 과실을 고침으로써
참으로 잘못하던 사람이 은연중 참회할 생각이 나며
무언중 그 과실을 고치게 하였나니,
이와 같은 일들이 곧 십대 제자의 행사이었으며 교화하는 방편이었나니라.
그뿐 아니라 어느 경우에는 대중을 인도하기 위하여
아는 것도 모르는 체하고 잘한 일도 잘못한 체하며,

또는 탐심이 없으면서도 있는 듯이 하다가 서서히 탐심 없는 곳으로 전환도 하며,
애욕이 없으면서도 있는 듯이 하다가 애욕을 끊는 자리로 전환하기도 하여,
음적 양적으로 부모가 자녀를 기르듯 암닭이 달걀을 어루듯
모든 자비행을 베풀었으므로 부처님의 제도 사업에도 많은 수고를 덜었으며
모든 대중도 쉽게 정법의 교화를 받게 되었나니,
그 자비심이 얼마나 장하며 그 공덕이 얼마나 광대한가.
그런즉, 그대들도 대중 생활을 하여 갈 때에
항상 이 십대 제자의 행하던 일을 모범하여
이 회상을 창립하는 데에 선도자가 되고 중추 인물이 되기를 부탁하노라.]

『대종경』「교단품」 42장

동지들 | 풀이 |

대종사 말씀하시기를
[어느 시대를 물론하고 새로운 회상을 세우기로 하면
근본적으로 그 교리와 제도가 과거보다 우월하여야 할 것은 말할 것도 없으나

새 회상의 존재 이유에 대한 명확한 말씀입니다.
'근본적으로 그 교리와 제도가 과거보다 우월' 해야 합니다.
소태산 대종사님의 새로운 교리와 제도에 대한 자부심이 느껴지는 말씀입니다.

그 교리와 제도를 널리 활용할 동지들을 만나지 못하면
또한 성공하기가 어렵나니라.

하지만 뜻을 함께할 '동지' 들이 반드시 필요하다고 말씀하십니다.

그러므로, 과거 부처님 회상에서도 천 이백 대중 가운데 십대 제자가 있어서
각각 자기의 능한 대로 대중의 표준이 되는 동시에
부처님이 무슨 말씀을 내리시면 그분들이 먼저 반가이 받들어
솔선 실행하며 여러 사람에게도 장려하여 각 방면으로 모범적 행동을 하였으므로
대중은 항상 십대 제자의 정신에 의하여 차차 교화의 힘을 입어서
마침내 영산 대 회상을 이루게 되었나니,

석가모니 부처님 당시 십대 제자의 솔선수범과 교화 방편을 부연해주십니다.
부처님의 교화가 그들의 노력에 힘입은 바 크다고 말씀하십니다.

이제 십대 제자의 교화한 예를 들어 말하자면,

가령 대중 가운데 어떤 사람이 잘못하는 일이 있는데
직접 잘못을 꾸짖으면 도리어 역효과를 내게 될 경우에는
십대 제자 중 이·삼인이 조용히 의논하고 그 중 한 사람이 일부러 그 잘못을 하면
곁에서 보던 한 사람은 그 사람을 불러 놓고 엄중히 훈계를 하고
그 사람은 순순히 그 과실을 자백하여 감사한 태도로 개과를 맹세한 후
그 과실을 고침으로써
참으로 잘못하던 사람이 은연중 참회할 생각이 나며
무언중 그 과실을 고치게 하였나니,
이와 같은 일들이 곧 십대 제자의 행사이었으며 교화하는 방편이었나니라.

십대 제자의 교화 방편을 매우 구체적으로 예시해주십니다.
제자들이 어떤 잘못한 사람을 교화하기 위해
한 제자가 일부러 같은 잘못을 하면 다른 제자가 그 잘못을 고쳐주는 역할을 해서
잘못한 사람이 스스로 잘못을 깨우치도록 했다는 내용입니다.
제자들의 지혜로운 교화와 배려가 돋보이는 이야기입니다.

그뿐 아니라 어느 경우에는 대중을 인도하기 위하여
아는 것도 모르는 체하고 잘한 일도 잘못한 체하며,
또는 탐심이 없으면서도 있는 듯이 하다가 서서히 탐심 없는 곳으로 전환도 하며,
애욕이 없으면서도 있는 듯이 하다가 애욕을 끊는 자리로 전환하기도 하여,
음적 양적으로 부모가 자녀를 기르듯 암닭이 달걀을 어루듯
모든 자비행을 베풀었으므로 부처님의 제도 사업에도 많은 수고를 덜었으며
모든 대중도 쉽게 정법의 교화를 받게 되었나니,
그 자비심이 얼마나 장하며 그 공덕이 얼마나 광대한가.

또한 제자들이 같은 목적으로 다양한 방편을 활용했음을 소개해주십니다.
일부러 잘못하고 다시 바로잡기도 하고,
없는 탐심도 있는 척했다가 다시 없애는 등의 방편입니다.

중요한 것은 이런 노력들 덕분에 '부처님의 제도 사업에도 많은 수고를 덜었'다는
사실입니다.

그런즉, 그대들도 대중 생활을 하여 갈 때에
항상 이 십대 제자의 행하던 일을 모범하여
이 회상을 창립하는 데에 선도자가 되고 중추 인물이 되기를 부탁하노라.]

소태산 대종사님께서는 제자들에게 부처님의 십대 제자를 본받아
회상 창립에 도움이 되는 선도자, 중추 인물이 되기를 부탁하십니다.
평지조산의 어려움 속에서 새 회상 창립에 앞장선 대종사님께서는
특별히 의지할 곳은 오직 뜻을 함께하는 9인 제자 등 가까운 법연들이었습니다.
이들의 역할과 도움이 매우 긴요했을 것입니다.
옛날 석가모니 부처님 회상 당시의 예화를 길게 인용하신 이유일 것입니다.
대종사님께서 새 회상 건설을 함께하는 제자들에게 바라는 바를 알 수 있는 법문입니다.
회상 창립의 선도자와 중추인물이 많이 나와야 교단이 무궁한 발전을 할 것입니다.

나의 마음공부

- 우리 회상의 '교리와 제도가 과거보다 우월'하다고 생각하나요?

- 나는 '교리와 제도를 널리 활용할 동지들'을 충분히 만났나요?

- 나는 석가모니 부처님의 십대 제자와 같은 심법으로 교화 방편을 활용하나요?

- 나는 어떻게 해야 회상 창립의 '선도자가 되고 중추의 인물'이 될 수 있을까요?

『대종경』 15품의 주요 내용

제 1 서 품 : 원불교 창립 목적과 배경, 주요 과정 및 불교 혁신의 내용 등 소태산 사상의 서설적 법문.
제 2 교의품 : 원불교의 신앙·수행 교리 전반에 관한 법문.
제 3 수행품 : 원불교 수행법 이해와 실행에 관한 다양한 법문.
제 4 인도품 : 도덕의 이해와 실천에 관한 원론적 법문과 다양한 응용 법문.
제 5 인과품 : 인과보응의 이치에 대한 다양한 해석 사례와 응용 법문.
제 6 변의품 : 교리에 관련된 다양한 의문들에 관한 응답 법문.
제 7 성리품 : 성품의 원리와 깨달음, 견성 성불 및 성리문답에 관한 법문.
제 8 불지품 : 부처님의 경지와 심법, 자비방편에 관한 법문.
제 9 천도품 : 생사의 원리와 윤회·해탈, 영혼 천도에 관한 법문.
제 10 신성품 : 신앙인의 믿음과 태도에 관한 법문.
제 11 요훈품 : 인생길과 공부길을 안내하는 짧은 격언 형태의 법문.
제 12 실시품 : 다양한 경계에 응한 대종사의 용심법에 관한 법문.
제 13 교단품 : 원불교 교단의 의의와 운영, 발전 방안 및 미래 구상에 관한 법문.
제 14 전망품 : 사회·국가·세계, 종교, 문명, 교단의 미래에 관한 예언적 법문.
제 15 부촉품 : 대종사가 열반을 앞두고 제자들에게 남긴 부탁과 맡김의 법문.

소태산 대종경 마음공부 ⓘ 13 교단품

발행일 | 원기109년(2024년) 3월 30일
편저자 | 최정풍

디자인 | 토음디자인
인쇄 | ㈜문덕인쇄

펴낸곳 | 도서출판 마음공부
출판등록 | 2014년 4월 4일 제2022-000003호
주소 | 전북 익산시 익산대로 463, 3층
전화 | 070-7011-2392
ISBN | 979-11-986562-4-7
값 | 12,000원

도서출판 마음공부는 소태산마음학교를 후원합니다.
후원계좌 : 농협 301-0172-5652-11 (예금주: 소태산마음학교)